안전하고 친절한

블록체인
안내서

비트코인부터 **스테이블코인**까지, **지갑 만들기**부터 **투자 원칙**까지

안전하고 친절한
블록체인
안내서

조재우 지음

월요일의꿈

블록체인 세계를 탐험하는 이들을 위한 안내서

지난 10여 년간 많은 사람들이 '코인 투자'라는 이름으로 블록체인의 세계에 입문했다. 그리고 또 많은 사람들이 뼈아픈 실패를 맛보고 떠났다. 나는 2013년 우연한 기회로 블록체인 기술을 접한 후 이 세계에 들어왔고 이후 10년 가까운 시간을 이 분야에서 보냈다. 그동안 수많은 사람들을 만났고, 그중 일부는 엄청난 성공을 거두기도 했다. 하지만 성공한 사람들보다 압도적으로 많은 사람들이 실패에 직면하며 고통을 겪는 모습을 목격했다.

실패의 이유도 각양각색이다. 가장 흔한 케이스는 큰 이익을 얻을 수 있다는 달콤한 유혹에 이끌려 불분명한 프로젝트에 투자했다가 큰 손실을 본 경우다. 코인 상승장에서 단기 투자의 재미를 느끼고 섣불리 전업 투자로 전환했다가 회복 불가능한 수준의 손실을 입은 사람도 여럿 봤다. 일반적으로 이러한 실패들은 대부분 개인의 욕심 때문이라고 생각하기 쉽다.

그런데 모든 실패가 개인의 욕심 때문인가 하면 그렇지 않다. 안전하다고 여겼던 거래소에 코인을 보관했다가 거래소가 파산하여 손실을 입은 사례, 코인을 보관해놓은 개인 지갑이 해킹을 당한 사례, 심지어 검색 엔진을 통해 거래소를 찾아 들어갔는데 알고 보니 피싱 사이트였던 사례 등도 있다. 지갑 프로그램의 버그로 코인이 사라져버리는 일도 종종 일어난다. 경험적으로 보면, 열 명이 블록체인 세계에 들어왔을 때 5년 뒤에는 한두 명 정도만 남고 나머지는 모두 떠나는 듯하다.

이런 이유로 블록체인 세계로의 입문은 평범한 여행이 아닌, '탐험'이라 불러야 더 적절할 듯싶다. 발을 조금만 헛디뎌도 생명이 위험해질 수 있는 그런 탐험 말이다. 이런 곳에서는 성공도 중요하지만 그보다는 '생존'이 더욱 중요하다는 사실을 명심할 필요가 있다. 어쨌든 살아남는다면 성공에 도전할 수 있는 기회는 계속 주어질 테니 말이다. 그러나 막연한 성공을 꿈꾸며 과도한 위험을 감수하는 사람들에게는 대개 실패가 찾아온다. 불행하게도 아직도 많은 사람들이 블록체인을 '인생역전'의 기회로 여기고 있다. 그리고 그로 인해 겪지 않아도 될 실패를 경험하곤 한다.

나는 이 책이 블록체인에 대한 잘못된 인식을 바로잡고, 이 흥미로운 신대륙을 탐험하고자 하는 모든 이들에게 꼭 필요한 안내서가 되기를 바란다. 블록체인이라는 새로운 땅에는 아직까지 개척되지 않은 많은 부분들이 있고, 그런 땅을 개척하는 사람들에게는 크나큰 보상이 준비되어 있다. 그러나 그 길은 위험하기도 하다. 그렇기에 더더욱 안내서가 필요하다.

이 책은 블록체인이라는 새로운 세계의 실체를 이해하는 데 도움을 주고, 독자들이 빠르게 성공하기보다는 오랫동안 살아남는 것을 목표로 하며 이 '새로운 땅'에 발을 딛는 방법을 알려준다. 블록체인이라는 신대륙에서 살아남은 사람이 많아질수록 이 땅은 더 빠르게 개척되고, 더 많은 사람들이 들어오고, 궁극적으로는 블록체인이라는 혁신적인 기술이 이 사회를 바꿀 수 있을 것이다. 그 과정에서 우리가 불필요한 위험을 감수하거나, 잘못된 정보나 미신에 의존하여 실패하거나, 손실을 겪을 필요는 없지 않을까? 이 책은 그런 피해를 방지하고 블록체인 세계에서 여러분이 올바른 방향을 찾는 데 도움이 되는 나침반이 되고자 한다.

책의 첫 장에서는 오늘날 디지털 시대에서 블록체인이 가지는 진정한 의미에 관해 탐색한다. 이 장에서는 블록체인의 기술적 특성을 간략하게 검토하고, 이 기술이 현대 사회에 어떤 특별한 의미를 지니는지 해석한다. 우리가 과거에 "왜 인터넷이 필요한가?"라고 물었던 것처럼 이제는 "왜 블록체인인가?"라는 중요한 질문에 직면해야 한다. 그리고 그 질문에 대한 답은 1장에서 찾을 수 있을 것이다.

2장에서는 블록체인 세계에서 중추적인 역할을 하는 비트코인에 대해 깊게 파헤친다. 여기에서는 비트코인의 탄생 배경부터 그 발전 과정, 그리고 주변에서 일어나는 논쟁까지, 비트코인을 이해하는 데 필요한 다양한 면을 포괄적으로 다룰 것이다. 이를 통해 독자들이 비트코인의 본질과 정신을 직접 체험하고 느낄 수 있도록 하였다.

책의 2부는 블록체인을 활용하려는 사람들에게 실질적인 지식을 제공한다. 하지만 이론과 실제 모두를 균형 있게 다루기 위해, 본질적인 내용도 지속적으로 연계하여 설명하고자 노력했다. 예컨대, 3장에서는 블록체인 지갑을 만들고 관리하는 방법에 대해 자세히 알아보면서, 동시에 지갑의 기본적인 특성과 안전성에 관한 이론적 배경도 함께 살펴보았다. 이를 통해 블록체인 지갑에 대한 심도 깊은 이해에 도달할 수 있을 것이다. 4장에서는 블록체인의 기본적인 생산 방법인 채굴에 초점을 맞춘다. 여기에서는 채굴의 기본 과정뿐만 아니라 채굴이 블록체인 네트워크에 어떻게 가치를 부여하는지, 그리고 '51% 공격' 같은 채굴과 관련된 이론적인 내용과 사례도 함께 검토한다.

5장에서는 전송에 대해 다루는데, 여기에서는 실제로 코인을 전송하는 방법과 이 과정에서 발생하는 다양한 작업, 블록 익스플로러를 통한 트랜잭션 확인 방법 등을 상세히 살펴본다. 또한 우리가 일반적으로 저지르는 전송 실수와 이러한 실수를 예방하는 방법도 공유한다. 이어서 6장에서는 거래소 활용 방법에 대해 설명한다. 과거 사례를 살펴보면서 거래소가 필요악인 이유에 대해 설명하고, 거래소를 지혜롭게 사용하는 방법을 알아본다. 또한 우리나라 거래소에서 주로 발생하는 현상인 '김치 프리미엄'의 원인과 거래소를 사용하면서 흔히 저지르는 실수를 예방하는 방안도 함께 논의한다.

3부에서는 블록체인 세계의 더 넓고 다양한 영역을 탐구한다. 이를 위해 7장에서는 알트코인이라는 주제를 깊이 탐색한다. 블록체인의 역사에서 중요한 위치를 차지하고 있는 주요 알트코인들을 조명하며 그것들이 겪게 되는 펌핑 앤 덤핑, 상장빔 등의 현상과 그 원인, 그리고 이에 대처하는 전략에 대해 설명한다. 8장은 현재 많은 관심을 받고 있는 스테이블코인에 초점을 맞춘다. 여기에서는 스테이블코인의 다양한 유형과 그 특성, 각각의 장단점을 살펴보며 스테이블코인이 블록체인 생태계에서 지니는 중요한 역할에 대해 짚어볼 것이다.

9장에서는 블록체인의 기술적 변화를 관장하는 하드포크와 소프트포크라는 개념을 다룬다. 블록체인 역사에서 핵심적인 역할을 하는 이러한 포크들의 특징과 그 중요성에 대해 알아보며 블록체인 사용자로서 이러한 변화에 안전하게 대응하는 방법들에 대해 함께 논의한다.

4부는 '투자'로 논의의 범위를 좁혀 블록체인의 미래를 살펴본다. 먼저 10장에서 다루는 내용은 블록체인 프로젝트를 평가하는 방법론이다. 이 장에서는 프로젝트 백서의 평가 방법, 토크노믹스의 구조적 위험, 프로젝트 팀과 코드의 평가, 그리고 사기 위험성 검증 등 블록체인 프로젝트를 다양한 관점에서 분석하는 방법을 공유할 것이다. 11장에서는 코인 투자에 대해 살펴본다. 블록체인은 변동성이 크기 때문에 투자에도 큰 위험이 따른다. 또한 블록체인은 아직 산업적, 제도적으로 성숙한 단계에 이르지 않았기 때문에 여러 종류의 외부 충격에 노출되어 있다. 이러한 환경에서 어떻게 하면 안전하고 현명하게 투자를 할 수 있는지 그 방안을 이야기할 것이다.

마지막으로 12장에서는 가치 네트워크로서 블록체인이 현재 일으키고 있는 변화를 알아보고 앞으로 블록체인이 바꿔갈 세상을 상상해보려 한다.

이 책을 읽은 여러분이 블록체인이라는 새로운 세계에서 두려움 없이, 올바른 방향으로 나아갈 수 있기를 바란다. 나아가 성공적으로 생존하고, 이 탐험에서 오랫동안 큰 기쁨을 얻기를 기원한다. 그리고 이 모든 과정을 거친 다음에 여러분들이 뒤따라올 새로운 탐험가들에게 친절한 안내자가 되어준다면 더 바랄 게 없을 것이다.

그럼, 이제 블록체인의 세계로 함께 탐험을 떠나보자.

CONTENTS

서문 블록체인 세계를 탐험하는 이들을 위한 안내서   4

PART 01
정보 네트워크 시대를 넘어
가치 네트워크 시대로

Chapter 01   **더 늦기 전에 블록체인을 공부해야 하는 이유**   19

위변조가 불가능한 디지털 거래 장부, 블록체인   20

블록체인 혁신의 본질은 가치 네트워크   28

우리에겐 미래를 보는 눈이 필요하다   32

Chapter 02   **블록체인의 탄생, 비트코인**   36

비트코인의 정신적 뿌리, 사이퍼펑크   42

디지털 세계의 돈이 '진짜 돈'이 되기까지   46

비트코인 없는 블록체인은 가능할까?   55

느리지만 꾸준하게 진화하는 비트코인   58

비트코인은 어떻게 디지털 시대의 금이 되었나   59

최후의 안전자산인가, 범죄자들의 거래 수단인가   62

투자의 측면에서 본 비트코인   64

블록체인을 알고 싶다면 비트코인을 공부하라   66

PART 02

보이지 않는 디지털 세상의 자산,
암호화폐 활용을 위한 블록체인

Chapter 03　**블록체인 시작하기: 지갑 생성과 기초 보안 설정**　71

비트코인 지갑 만들기　72

시드단어, 마스터키, HD 지갑　78

지갑이 우연히 겹칠 확률이 있을까?　83

가장 중요한 것은 지갑이 아닌 열쇠　84

개인키를 가장 안전하게 지키는 방법　87

해킹 피해를 줄여주는 하드웨어 지갑　92

보안은 모자란 것보다 과한 것이 낫다　95

Chapter 04　**블록체인 이해하기: 채굴**　97

어떻게 디지털 자산에 가치를 부여할 것인가　98

채굴의 원리: 경쟁, 전파, 합의　101

문제는 채산성　108

이중지불과 51% 공격　110

채굴과 환경 문제　116

Chapter 05　**블록체인 활용하기: 전송**　120

전송할 때 블록체인에서 일어나는 일들　128

거래 ID 확인과 블록 탐색기　130

모든 참여자의 합의를 구하는 시간, 블록타임　135

거래 처리 시간이 각각 다른 이유　138

전송 시 발생할 수 있는 다양한 문제들　142

Chapter 06　시장을 확장시키는 필요악, 안전한 거래소 이용 방법　147

바람 잘 날 없는 거래소의 사건 사고　149

현명한 거래소 이용을 위한 세 가지 원칙　153

재정거래와 김치 프리미엄　156

거래소 입출금 관련 문제 해결법　158

PART 03
늘 도전하고 진화하는
블록체인의 현재와 미래

Chapter 07　생태계를 확장시킨 알트코인의 탄생　167

전통적인 알트코인들　168

진흙 속에서 어떻게 보석을 찾아낼 것인가　174

'상장빔'의 달콤한 유혹에 속지 마라　178

가장 경계해야 할 '묻지 마 매수'　181

올바른 알트코인 접근 방법　184

Chapter 08　변동성 문제를 해결한 스테이블코인의 출현　190

스테이블코인의 종류와 작동 원리　192

법정화폐와 암호화폐를 연결해주는 다리　196

도태된 코인과 진화한 코인들　199

스테이블코인 구매 방법　205

Chapter 09   **하드포크, 소프트포크, 체인분리**   207

새로운 규칙으로 갈아타기 vs. 떨어져 나가기   208

주목할 만한 하드포크   213

한 명의 참여자로서 바라보고 대처하라   221

PART 04

블록체인 투자, 성공보다 중요한 생존 노하우

Chapter 10   **감춰진 '보배 프로젝트'를 찾는 법**   227

투명성: 정보가 제대로 공개되어 있는가?   229

토큰의 구조적 위험: 믿지 말고 검증하라   237

세상에 공짜 점심은 없다   244

보안, 감사보고서 확인의 중요성   248

Chapter 11   **암호화폐, 어떻게 투자할까?**   251

균형 잡힌 투자 포트폴리오와 리밸런싱   252

시간을 내 편으로 만드는 적립식 분할매수   256

가장 중요한 원칙은 자제력을 가지는 것   258

Chapter 12   **가치 네트워크 시대의 미래**   260

은행을 넘어 블록체인으로   263

새로운 변화의 물결 앞에서   266

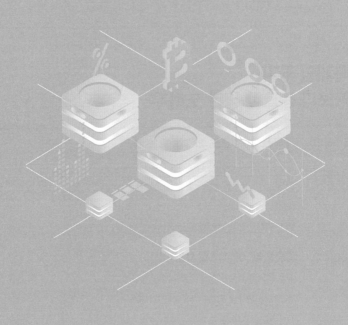

PART

01

정보 네트워크 시대를 넘어 가치 네트워크 시대로

B L O C K　　C H A I N

Chapter 01

더 늦기 전에 블록체인을
공부해야 하는 이유

 "도대체 블록체인이 뭔가요?"

블록체인을 처음 공부하는 사람들이 내게 가장 먼저 하는 질문이다. 뉴스에서, 각종 커뮤니티 등에서 너도나도 블록체인을 입에 올리지만 대부분의 사람들은 블록체인에 대해 대략적인 '느낌'만 가지고 있을 뿐, 각기 다르게 생각한다. 블록체인은 어떤 경우에는 강력한 '보안 기술'을 의미하는 말로 쓰이고 어떤 경우에는 '디지털 화폐'를 통칭하는 단어로 언급된다. 블록체인의 열렬한 신봉자들은 블록체인 기술이 기존의 중앙집중적인 기술과 반대되는 분권화 기술로서 새로운 사회를 만들어가는 핵심 기술이라고도 한다. 반면에 블록체인에 대해 극단적으로 부정적인 입장을 가진 사람들은 블록체인이 그저 투기상품이고 근본적으로는 허상이며 사기라고 말하기도 한다.

여러 가지 혼재된 의견 속에서 진짜 의미를 찾기란 결코 쉽지 않다. 뉴스에서 말하는 것만 놓고 보면 블록체인은 새로운 미래 기술처럼 보이기도 하고, 사기꾼이 판치는 세상이 되기도 하며, 어떤 때에는 해커들의 놀잇감처럼 보이다가, 절대 흔들리지 않는 안전한 네트워크가 되기도 한다. 주변의 목소리에만 귀를 기울인다면 블록체인은 도저히 중심을 잡을 수 없는 혼란 가득한 무언가로 남을 뿐이다.

그러나 만약 여러분이 블록체인이 무엇인지 정확하게 알고 그 뿌리와 본질을 이해한다면 이러한 혼란 속에서 중심을 잡고 시류에 흔들리지 않을 수 있다. 그리고 남들보다 더 긴 호흡을 가지고 더 멀리 나아갈 수 있을 것이다.

위변조가 불가능한 디지털 거래 장부, 블록체인

블록체인은 어떤 기술적인 특징을 가지고 있을까? 복잡한 설명은 잠시 한쪽에 밀어두고 '블록체인'이라는 단어에서부터 답을 찾아가 보자.

　이미 눈치 챘겠지만 블록체인은 '블록'과 '체인'의 합성어다. 그러나 대부분 모르는 사실이 하나 있다. 〈비트코인 백서〉*에서는 블록체인이라는 단어가 사용되지 않았다는 점이다. 대신 '블록들의 체인Chain of blocks'이라는 표현이 사용되었다. 지금 사용하는 블록체인이라는 표현이 처음 등장한 때는 〈비트코인 백서〉가 나온 지 1년 9개월이 지난 2010년 7월이었다. 사실 블록체인이라는 용어 자체는 그다지 중요하지 않다. 우리가 가장 먼저 이해해야 하는 기술적인 개념은 '블록'과 '체인'이다. 먼저 블록에 대해 알아보자.

거래를 기록한 페이지, 블록

　블록이란 여러 거래들을 모아놓은 묶음이다. 회계장부를 생각해보면 이해가 쉽다. 블록은 회계장부의 한 페이지와 같다. 그 페이지에는 여러 개의 거래 내역이 적혀 있다. 마찬가지로 블록체인의 한 블록에는 여러 거래가 모여 있다. 일반적으로 비트코인 한

＊　〈비트코인 백서〉는 〈비트코인: P2P 전자화폐 시스템(Bitcoin: A Peer-to-Peer Electronic Cash System)〉이라는 제목으로 2008년 10월에 사토시 나카모토에 의해 발표되었다. 이 백서에는 디지털 화폐의 새로운 형태인 비트코인과 그 기반이 되는 블록체인 기술에 대한 설명이 담겨 있다.

블록에는 1,500~2,500개의 거래가 담겨 있고, 이들 거래 내역을 컴퓨터 용량으로 환산하면 약 1메가바이트다. 다시 말하면 블록은 1메가바이트짜리 면적을 가진, 전 세계 다양한 사람들의 거래를 모아 기록한 하나의 페이지라고 할 수 있다.

회계장부를 쓸 때 한 페이지가 다 차거나 일정 기간이 지나면 다음 페이지로 넘어가야 하듯이 블록체인도 한 블록이 차거나 일정 시간이 지나면 다음 블록으로 넘어간다. 이때 꼭 해야 하는 작업이 있다. '이월액'이라고 하는 부분이다. 이월액을 적지 않는다면 이전 페이지의 거래 결과가 다음 페이지로 넘어가지 않아 오류가 발생할 수밖에 없다.

학창 시절 용돈 기입장을 작성하던 기억을 더듬어보면서 이월액 작성 과정을 살펴보자. 먼저 완료된 페이지의 수입과 지출을 가지고 잔액을 계산한다. 이 잔액은 회계장부의 한 페이지를 요약한 결과물이다. 다음으로 요약한 잔액을 다음 페이지로 넘겨 가장 처음에 이월액이라는 항목으로 기록한다. 마찬가지로 블록체인에서도 여러 거래가 담긴 한 블록을 끝낼 때 블록을 요약하는 내용을 작성한다. 회계장부와 달리 블록에는 숫자뿐 아니라 주소와 같은 문자도 담겨 있기 때문에 블록체인의 요약 방식은 단순한 덧셈 뺄셈과는 다르다. 대신 '해시Hash 함수'라는 요약 방법을 사용하는데, 이를 통해 블록에 포함된 거래와 블록에 대한 기본적

[그림 1] 이전 블록의 내용을 압축해 요약한 블록 해시

인 정보들을 가지고 '블록 해시'라는 요약본을 만든다.

블록과 블록을 연결하는 체인

블록을 기록하고 요약하는 작업을 마치고 나면 다음으로 블록과 블록을 연결하는 작업을 한다. 회계장부에서 이전 페이지 이월액을 다음 페이지의 제일 윗줄에 쓰는 것과 같은 개념이다. 블록체인이 하는 일도 회계장부와 크게 다르지 않다. 이전 블록의 해시를 다음 블록에 집어넣는 것이다. 블록 해시는 블록 내용의 요

약본이기 때문에 이전 블록의 해시를 포함한다는 것은 이전 블록의 거래 내역을 모두 반영한다는 의미이기도 하다(이것을 그림으로 표현하면 [그림 1]과 같다).

디지털 데이터의 지문, 해시

이쯤 되면 해시라는 것이 무엇인지 조금은 궁금해졌을 것이다. 블록체인에서 해시는 아주 중요한 요소이고 그만큼 자주 사용되는데, 개발자가 아닌 일반인들도 블록체인을 이용하다 보면 자기도 모르는 새 해시를 자주 접하게 된다.

해시란 해시 함수에 의해 만들어진 문자열이다. 예를 들자면 아래와 같은 모양을 하고 있다(참고로 이 문자열은 첫 번째 비트코인 거래에 대한 해시다).

4a5e1e4baab89f3a32518a88c31bc87f618f76673e2cc77ab2127b7afdeda33b

해시를 비유적으로 표현하자면 디지털 데이터의 지문이라고 할 수 있다. 지문이 임의의 형태를 가지고 있듯이 해시도 랜덤한 문자열로 구성되어 있고, 사람이 같으면 지문도 항상 동일하듯 입력되는 데이터가 동일하면 해시도 항상 동일하다. 단방향성이라는 특성도 비슷하다. 우리가 어떤 사람을 데리고 있으면 그 사람의 지문을 만들 수 있겠지만(사람 → 지문), 지문이 있다고 해서 그 사람을 만들 수 있는 것은 아니다(지문 ↛ 사람). 마찬가지로 해시도 원본이 있으면 해시를 만들어낼 수 있지만(원본 → 해시), 해시가 있다고 해서 원본을 만들 수 있는 것은 아니다(해시 ↛ 원본).

또한 해시는 원본의 크기와 관계없이 그 길이가 일정하기 때문에 원본을 작은 용량으로 압축하는 효과도 있다. 이러한 점에서도 해시와 지문은 공통점을 가지고 있다. 인간의 DNA 정보가 수백 기가바이트에 달하지만 지문은 수십 킬로바이트에서 작게는 수백 바이트 정도밖에 되지 않는 것처럼, 비트코인의 SHA-256 해시 함수는 원본이 한 글자든 100만 글자든 항상 64글자 해시를 만들어낸다.

또한 해시는 무작위로 만들어지기 때문에 특정 조건을 만족시키는 해시를 만들기 위해 임의로 조작할 수가 없다. 예를 들어 앞에 0이 연속으로 다섯 개 있는 해시를 만들려면 어떤 원본을 넣어야 하는지 미리 알 수 없고 일일이 시도해봐야 한다. 확률적으로 따지면 약 100만 번 시도해야 맨 앞에 0이 다섯 개 있는 해시를 만들 수 있다. 게다가 원본이 조금만 달라져도 해시는 완전히 바뀌기에 위조 여부를 금방 파악할 수 있다.

이러한 특징들 덕분에 해시는 원본을 검증하는 유용한 도구로 사용된다. 우리가 전신을 스캔하거나 DNA 검사를 하는 대신 지문만 찍어 신원 인증을 하는 것과 비슷한 이치라 할 수 있다.

정리하자면, 해시는 용량이 작으면서도 검증이 용이하기 때문에 블록체인에서 다양한 용도로 쓰이고 있으며, 그중 하나가 블록을 요약하고 다음 블록과 연결하는 것이다.

복사-붙여넣기가 불가능한 데이터, 블록체인

정리하자면 블록체인은 '블록'이라는 회계장부 페이지에 거래를 기록하고 그 페이지를 마무리할 때 거기에 포함된 거래를 압축적으로 보여주는 해시라는 지문을 찍어 위조를 방지한다. 그리고 다음번 블록에서 이전 블록의 해시를 다시 한 번 포함하여 이전 블록과 연결성을 갖는 과정을 거치면서 '체인'이라는 요소를 완성한다.

그렇다면 만약 블록체인에서 하나의 거래가 위조되면 어떤 일이 벌어질까? 지금 1만 번째 블록이 만들어진 상황에서 누군가 1번 블록의 거래를 위조한다면 해시 함수의 성질 때문에 1번 블록의 해시도 함께 바뀔 것이다. 이렇게 바뀐 1번 블록의 해시는 2번 블록에서 다시 사용되기 때문에 2번 블록의 해시도 바뀌게 된다. 그리고 이 과정이 반복되면서 1번부터 1만 번 블록까지의 해시가 모두 달라진다. 결과적으로 하나의 거래를 위조하기 위해서는 블록체인이라는 회계장부 전체를 다시 써야 한다. 거래 하나만 살짝 위조해서 이익을 취하기에는 들어가는 비용이 너무 크다.

마지막으로 또 한 가지 중요한 블록체인의 기술적 특징이 있다. 바로 '시간'이다. 블록체인의 각 블록에는 블록이 만들어진 시간이 함께 기록되어 있다. 이를 타임스탬프Timestamp라고 한다. 시간이 기록된 블록이 해시라는 위조가 어려운 방식으로 차례대로 연결되어 있기 때문에 블록체인에서는 시간을 거스르는 일이 불가능하다(물론 기술적 문제로 약간의 오차는 있다). 쉽게 말해 이전 블록에서 일어난 일은 이미 엎질러진 물이고 지금 블록에서 일어나고 있는 일은 다음 블록에서 돌이킬 수 없다.

어쩌면 지금까지의 설명이 너무 어려운 사람도 있을 수 있겠다. 그래서 거창한 용어들을 다 없애고 블록체인의 기술적인 특징을 쉽고 간편하게 이해할 수 있도록 한마디로 비유해보자면 이렇다. 블록체인은 Ctrl+C, V와 Ctrl+Z가 불가능한 디지털 파일이다. 즉 '복사-붙여넣기Ctrl+C, V'가 안 되기 때문에 블록체인은 위조나 복제가 불가능하고, '되돌리기Ctrl+Z'가 안 되기 때문에 일어난 일을 없던 일로 만들 수 없다. 이 정도만 이해한다면 블록체인을 알아가는 데 큰 지장은 없을 것이다.

블록체인 혁신의 본질은 가치 네트워크

그러나 기술적 측면만이 블록체인의 전부는 아니다. 이 말에 납득이 가지 않는다면 인터넷, 무선 인터넷, 스마트폰 같은 기술을 생각해보자. 이것들을 단순한 '기술'이라고 할 수 있을까, 아니면 사회를 바꾸는 '혁신'이라고 하는 게 더 적절할까? 인터넷의 등장은 정보통신을 디지털 기반으로 바꾸어놓았다. 편지는 이메일로, 신문은 포털로 대체되었다. 인터넷이 성장하면서 정보 서비스는 분권화되기 시작했다. 방송국에서만 만들어지던 영상 프로그램은 이제 유튜브 중심으로 바뀌었고, SNS와 온라인 커뮤니티에서는 각종 소식을 뉴스 속보보다 더 빠르게 접할 수 있다. 인터넷이 전 세계를 정보 네트워크로 연결하고, 스마트폰이 컴퓨터의 공간적 제약을 허물었듯이 블록체인도 어떠한 혁신적 특성을 가지고 있을 수 있다.

기술만 본다면 분권화 데이터베이스니, 스마트 컨트랙트Smart Contract 플랫폼이니 하는 말들을 늘어놓겠지만 이런 것들은 블록체인의 본질을 흐릴 뿐이다. 블록체인 혁신의 본질은 바로 '디지털 가치 네트워크'다. '정보'의 영역이 인터넷 등장 전과 후로 나뉘듯, '가치'의 영역은 블록체인 등장 전과 후로 나뉠 수 있다.

블록체인 이전에는 가치를 전달하기 위해 직접 만나서 거래를 하거나 은행망을 통해야 했다. 그러나 사람을 직접 만나는 데에는 물리적인 제약이 있고, 은행망을 이용하기 위해서는 제도적인 제약이 따른다. 그래서 그동안 멀리 떨어진 다른 나라 사람에게 가치를 전달하는 일은 매우 번거로웠다. 은행 서비스에 들어가서 해외 송금을 누르고, 여러 정보를 입력하고, 비싼 수수료를 지불한 다음에 며칠을 기다려야만 가치를 전달할 수 있었다. 이는 인터넷이 발달하기 전에 국제우편을 보내던 모습과 비슷하다. 그러나 블록체인이 나오면서 이런 어려움은 해결되었다. 이제는 상대방이 전 세계 어디에 있든 블록체인 지갑 주소만 알면 몇 분 안에 가치전달이 완료된다. 실제로 블록체인 토큰(코인)을 해외 송금에 활용해본 사람들의 말을 들어보면 은행을 통하는 기존 방식보다 훨씬 빠르고 저렴하다고 한다.

디지털 가치 네트워크는 단순히 가치를 전송하는 것에 그치지 않는다. 디지털 정보 네트워크인 인터넷도 그랬다. 유튜브를 생각해보자. 유튜브가 등장하기 전, 대략 지금으로부터 20년쯤 전만 해도 아이들이 "텔레비전에 내가 나왔으면 정말 좋겠네"라고 노래 부르곤 했다. 하지만 지금은 그 누구도 이 노래를 부르지 않는다. 아이들에게 이유를 물어보면 답은 한결같다. 스마트폰으로 유튜브를 찍어 자기 채널에 올리면 된다는 것이다. 인터넷 기술은 단순히 정보를 디지털화해서 전송할 수 있게 할 뿐 아니라 누구나

인터넷과 블록체인의 공통점

인터넷	블록체인
정보의 디지털화	가치의 디지털화
누구나 정보 생산 가능	누구나 가치 생산 가능
정보의 전달	가치의 전달
정보의 프로슈머	가치의 프로슈머

정보를 '생산'하고 전 세계로 '유통'할 수 있게 만들어주었다. 블로그와 SNS는 뉴스를 대체했고, 팟캐스트는 라디오를 대체했다. 인터넷은 사람들을 정보의 소비자에서 정보를 생산하고 소비하는 '프로슈머Prosumer'로 바꿔놓았다.

블록체인에서도 이와 비슷한 일이 재현되고 있다. 이전까지 우리는 디지털 세계에서 가치를 수동적으로 소비하는 입장에 불과했지만 이제는 생산과 소비를 모두 하는 프로슈머가 되고 있다. 비트코인이나 이더리움을 채굴한다는 말을 들어본 사람이 있을 것이다. 채굴을 가치라는 관점에서 해석하면 코인이라고 하는 '디지털 가치 단위'를 만들어낸다는 뜻이다. 이 가치는 단순히 허상이 아니다. 전 세계 어디를 가더라도 비트코인이나 이더리움을 받을 것인지 물어본다면 아마 대부분 긍정적으로 답할 것이다. 비트코인이나 이더리움이라는 디지털 가치 단위는 디지털을 사용하는 곳 어디에서든 인정받고 있는데, 우리가 이러한 가치를 집에서 스스로 만들어낼 수 있다는 사실은 기적과 같은 일이 아닐 수 없다.

흥미로운 점은 블록체인이 성장하면서 디지털 가치를 생산하는 방법도 같이 진화했다는 점이다. 스팀잇Steemit이라는 서비스가 대표적인 예다. 2015년에 등장한 스팀잇은 돈을 버는 SNS로 알려졌다. 스팀잇은 사실 블록체인으로 만들어진 서비스인데, 작가가 글이나 그림을 스팀잇에 올리면 스팀잇 토큰을 가지고 있는 사람들이 투표를 해서 많은 투표를 받은 게시물이 스팀Steem 블록체인에서 발행하는 보상을 받는 구조를 가지고 있다. 스팀잇이라는 블록체인 위에서 SNS라는 디지털 정보 생산과 유통이 이루어지고 동시에 스팀잇 토큰이라는 디지털 가치 생산과 유통이 이루어지는 것이다.

최근에는 NFT라는 형태로 디지털 가치가 만들어지기 시작했다. NFT는 디지털 아트로 유명세를 떨쳤지만, 사실상 별것 없는 디지털 데이터 쪼가리에 불과하다. 그 위에 올라간 그림이나 동영상은 대부분 블록체인이 아니라 외부 서버에 저장되어 있고, 블록체인은 작품에 대한 인증서 역할만 할 뿐이다. 그러나 NFT의 진정한 가치는 그림파일이 블록체인에 제대로 기록되었는지, 그림이 얼마나 예술적인지에서 나오지 않는다. NFT의 가치는 그 NFT가 갖는 '상징성'에서 나온다. 그래서 별것 없어 보이는 픽셀아트나 이상하게 생긴 원숭이 그림이 몇억 원을 호가하기도 하는 것이다. 하지만 크립토펑크라는 픽셀아트는 NFT가 막 생겨나기 시작할 때 만들어진 컬렉션으로, 이것을 가지고 있다는 것은 곧 NFT 업계에서 소위 '고인물'이라는 점을 나타내는 상징이며 BAYCBored Ape Yacht Club, 번역하면 '지루한 원숭이들의 요트 클럽'은 자체적인 커뮤니티를 구성하여 프리미엄 멤버십이라는 의미를 갖게 되었다. 다시 말해 NFT는 상징적인 가치, 나아가 그 상징성을 인정해주는 사회적인 가치를 디지털로 바꾼 것이라 볼 수 있다.

물론 디지털 가치라는 존재는 아직은 쉽게 받아들여지지 않는다. 그러나 지금 우리가 이메일이나 메신저를 통해 디지털화된 정보를 자연스럽게 사용하듯이 가까운 미래에는 디지털화된 가치도 자연스럽게 우리 삶 속으로 파고들 것이다. 그리고 인터넷이 전 세계를 디지털 기반 정보 네트워크로 연결했듯 블록체인은 세계를 디지털 기반 가치 네트워크로 연결할 것이다.

우리에겐 미래를 보는 눈이 필요하다

1995년 미국 유명 TV 프로그램인 〈데이비드 레터맨 쇼Late Show with David Letterman〉에 촌스럽고 커다란 안경을 쓴 한 남자가 나왔다. 어리숙해 보이기도 하고 조금은 괴짜 같아 보이기도 한 그 사람은 바로 빌 게이츠였다. 진행자인 데이비드 레터맨은 빌 게이츠에게 인터넷에 대해 묻기 시작했다.

"인터넷이란 게 도대체 뭐죠?"

빌 게이츠가 대답했다.

"사람들이 정보를 올리는 곳이에요. 홈페이지를 만들 수도 있고, 전자우편을 보낼 수도 있고요."

그러자 레터맨이 바로 응수했다.

"얼마 전 컴퓨터로 라디오 중계를 들을 수 있다는 놀라운 소식을 들었어요."

레터맨은 잠시 침묵한 뒤 말을 이었다.

"그런데… 라디오라는 걸 들어봤는지 모르겠네요?"

방청객들은 모두 웃음을 터뜨렸고 빌 게이츠도 멋쩍게 미소지었다. 그러고는 답했다.

"인터넷은 조금 달라요. 야구 경기를 저장해뒀다가 언제든지 볼 수 있어요."

레터맨이 다시 대답했다.

"메모리인가 뭔가 하는 거 말씀이군요. 근데 혹시 녹음기라고 들어보신 적이 있나요?"

방청석은 웃음바다가 되었고 빌 게이츠는 졸지에 인터넷이라는 별 쓸데도 없는 물건을 홍보하는 괴짜가 되어버렸다.

그러나 30년 가까이 지난 지금, 우리는 진짜 어리석은 사람은 빌 게이츠가 아니라 왜 인터넷이 필요한지 재치 있게 캐묻던 레터맨이었다는 사실을 알고 있다(물론 재미를 위해 레터맨이 일부러 과장하며 이야기했을 수도 있다). 인터넷은 오늘날 세상에서 없어서는 안 될 존재가 되었다. 반면에 라디오나 녹음기는 이제 쓰는 사람을 거의 볼 수 없다.

하지만 당시 레터맨의 질문이 꼭 잘못된 것만은 아니었다. 방송을 듣는 기능, 녹음하는 기능 같은 개별적인 서비스만 떼어놓고 본다면 인터넷은 그다지 필요하지 않은 물건이었다. 오히려 비싸고 불편하고 비효율적이기만 했을 것이다. 단지 그는 인터넷을 '디지털 정보 네트워크'로 바라보지 못했을 뿐이다.

지금 블록체인 기술에 쏟아지는 비판은 30년 전 인터넷이 받던 비판과 크게 다르지 않다. 사람들은 블록체인이 느리고, 비싸고, 통제가 불가능하다고 말하며 "왜 군이 블록체인을 써야 하는가?"라고 의문을 표하곤 한다. 당시 인터넷도 이와 비슷한 비판을 받았다. 지금 블록체인이 은행망이나 핀테크에 비해 불편하고 비효율적이라는 점은 틀린 말이 아니다. 무료 송금이 대세가 된 지금 블록체인으로 송금을 하려면 수수료를 내야 하고, 1초면 완료되는 계좌이체와 달리 몇 분에서 길게는 몇십 분 이상 기다려야 전송이 완료된다. 그러나 이러한 개별 서비스가 비효율적이라고 해서 블록체인이 필요 없는 것은 아니다. 블록체인의 진짜 장점은 가치 네트워크로서 작동했을 때 발휘된다. 인터넷이 정보를 디지털화했듯 블록체인은 가치를 디지털화하며, 인터넷에서 누구나 정보를 생산할 수 있듯이 블록체인에서 사용되는 가치 단위도 누구나 생산할 수 있다. 인터넷이 전 세계를 대상으로 정보를 유통하듯이 블록체인도 전 세계를 대상으로 가치를 전달할 수 있다.

어쩌면 30년쯤 뒤에는 지금 우리가 인터넷을 공기처럼 사용하듯이 블록체인을 사용하고 있을지도 모른다. 만약 이러한 미래가 온다고 한다면 지금부터 블록체인을 공부하기 위해 시간과 에너지를 투자하는 것은 결코 어리석은 일이 아닐 것이다.

Chapter 02

블록체인의 탄생, 비트코인

2008년 10월 31일 오후, 'Cryptography'라는 메일링 리스트에 속한 수신자들에게 한 통의 이메일이 발송되었다. 이메일의 제목은 'Bitcoin P2P e-cash paper'이며, 발신자는 여전히 정체를 알 수 없는 익명의 인물인 사토시 나카모토Satoshi Nakamoto였다.

이메일은 다음과 같이 시작한다. "나는 새로운 전자화폐 시스템을 만들고 있습니다. 이 전자화폐는 완벽하게 P2PPeer-to-Peer(개인 간 거래)로 작동하며 신뢰받는 제3자도 필요 없습니다." 그리고 〈비트코인 백서〉 링크와 간단한 요약이 첨부되어 있었다. 비트코인이 세상에 처음 소개된 순간이었다.

사토시 나카모토의 이메일에 처음으로 답장을 보낸 사람은 '제임스 도널드James A. Donald'라는 인물이다. 그는 이메일이 발송된 지 이틀 뒤인 11월 2일에 답장을 보냈다. 그런데 그의 반응은 상당히 회의적이었다. 비트코인과 같은 시스템이 절실히 필요한 것은 맞지만 비트코인의 처리량이 충분하지 않아서 가치를 확립하는 데 필요한 네트워크 크기를 감당하기 어렵다는 이유였다.

두 번째로 답장을 보낸 인물은 '존 리바인John Levine'이라는 사람이다. 그의 반응 역시 비판적이었다. 그는 '정직한 다수가 네트워크를 운영한다면'이라는 사토시 나카모토의 전제를 지적했다. 해커들이 수백만 개의 좀비 PC를 이용할 수 있기 때문에 이러한 전제가 제대로 작동하지 않으리라는 것이 그의 반대 이유였다.

세 번째 답장은 '레이 딜린저Ray Dillinger'라는 인물로부터 왔다. 그 역시 회의적인 입장이었다. 비트코인이 주장하는 작업증명Proof of Work, PoW은 내재 가치를 가지지 않고, 35%의 높은 인플레이션율 때문에 사람들이 비트코인을 보유하지 않을 것이라는 이유에서였다.

사토시 나카모토는 이러한 지적들에 대해 차근차근 반론하는 이메일을 보냈다. 그러다가 11월 7일 처음으로 긍정적인 내용의 답장이 왔다. 할 피니Hal Finney라는 컴퓨터 과학자가 보낸 메일이었다. 할 피니는 "비트코인은 매우 유망한 아이디어입니다. 정직한 참여자들이 공격자들보다 많은 CPU 파워를 가지고 보안을 유지한다는 아이디어가 매우 마음에 듭니다."라고 이메일을 시작하면서 여러 가지 개념적, 기술적 질문들을 던졌다. 그리고 앞으로 이 새로운 개념의 발전 양상을 지켜보고 싶다는 의사를 밝혔다. 이메일을 통한 이들의 토론은 무려 열흘 동안 지속됐다. 그리고 11월 17일, 사토시 나카모토는 다음과 같은 말로 토론을 마무리 지었다.

"나는 지난 1년 반 동안 코딩을 하면서 이와 같은 작은 디테일들을 굉장히 많이 다루었습니다. 실제로 적용되는 디테일들은 이 백서에 다 언급하지 않았습니다. 그러나 소스코드가 곧 나올 예정이며 여러분께 그 파일들을 보내드리겠습니다(현재는 요청하신 분께만 보내드리고 있습니다). - 사토시 나카모토."

두 달 후인 2009년 1월 8일에 사토시 나카모토는 'Bitcoin v0.1 released'라는 새로운 제목으로 이메일을 발송했다. 비트코인의 정식 출시를 공식적으로 알리는 순간이었다.

그러나 실제로 비트코인이 시작된 날은 그로부터 닷새 전인 1월 3일이었다. 비트코인 블록체인 기록을 조사해보면, 제네시스 블록Genesis block이라 불리는 첫 번째 블록은 표준시를 기준으로 2009년 1월 3일 오후 6시 15분에 생성되었고, 두 번째 블록은 1월

9일 오전 2시 54분에 생성되었다. 일반적으로 알려진 비트코인 블록 생성 간격인 10분과 비교하면, 이 간격은 과도하게 길다. 이 닷새 동안 무슨 일이 일어난 것일까?

여기에는 두 가지 가설이 있다. 첫 번째 가설은 사토시 나카모토가 1월 3일에 제네시스 블록을 채굴한 뒤, 채굴 해시가 매우 낮아서 다음 블록을 채굴하기까지 평상시보다 많은 시간이 소요되었다는 것이다. 두 번째 가설은 좀 더 흥미롭다. 사토시 나카모토는 1월 3일에 최초의 비트코인 블록을 채굴한 후 5일 동안 혼자서 테스트를 실시했다. 그리고 프로그램에서 큰 문제점이 발견되지 않자, 그는 지금까지 채굴한 블록 정보를 모두 삭제하고 비트코인을 공개했다. 단, 이때 최초로 채굴한 제네시스 블록만은 재사용하여 최초의 블록 정보로 활용했다는 주장이다.

제네시스 블록에는 하나의 숨겨진 비밀이 존재한다. 비트코인 블록에는 채굴자가 자유롭게 내용을 추가할 수 있는 영역이 있으며, 이를 코인베이스Coinbase라 칭한다. 비트코인의 첫 번째 블록인 제네시스 블록의 코인베이스를 살펴보면 다음과 같은 〈타임스The Times〉의 기사 제목이 포함되어 있다.

"The Times 03/Jan/2009 Chancellor on brink of second bailout for banks."

[그림 2] 〈타임스〉의 기사 제목이 포함된 제네시스 블록

```
00000000  01 00 00 00 00 00 00 00  00 00 00 00 00 00 00 00  ...............
00000010  00 00 00 00 00 00 00 00  00 00 00 00 00 00 00 00  ...............
00000020  00 00 00 00 3B A3 ED FD  7A 7B 12 B2 7A C7 2C 3E  ....;£íýz{.²²ζ,>
00000030  67 76 8F 61 7F C8 1B C3  88 8A 51 32 3A 9F B8 AA  gv.a.È.Ã^ŝQ2:Ÿ.ª
00000040  4B 1E 5E 4A 29 AB 5F 49  FF FF 00 1D 1D AC 2B 7C  K.^J)«_Iÿÿ...¬+¦
00000050  01 01 00 00 00 01 00 00  00 00 00 00 00 00 00 00  ...............
00000060  00 00 00 00 00 00 00 00  00 00 00 00 00 00 00 00  ...............
00000070  00 00 00 00 00 00 FF FF  FF FF 4D 04 FF FF 00 1D  ......ÿÿÿÿM.ÿÿ..
00000080  01 04 45 54 68 65 20 54  69 6D 65 73 20 30 33 2F  ..EThe Times 03/
00000090  4A 61 6E 2F 32 30 30 39  20 43 68 61 6E 63 65 6C  Jan/2009 Chancel
000000A0  6C 6F 72 20 6F 6E 20 62  72 69 6E 6B 20 6F 66 20  lor on brink of
000000B0  73 65 63 6F 6E 64 20 62  61 69 6C 6F 75 74 20 66  second bailout f
000000C0  6F 72 20 62 61 6E 6B 73  FF FF FF FF 01 00 F2 05  or banksÿÿÿÿ..ò.
000000D0  2A 01 00 00 00 43 41 04  67 8A FD B0 FE 55 48 27  *....CA.gŠý°þUH'
000000E0  19 67 F1 A6 71 30 B7 10  5C D6 A8 28 E0 39 09 A6  .gñ¦q0·.\Ö¨(à9.¦
000000F0  79 62 E0 EA 1F 61 DE B6  49 F6 BC 3F 4C EF 38 C4  ybàê.aÞ¶Iö¼?Lï8Ä
00000100  F3 55 04 E5 1E C1 12 DE  5C 38 4D F7 BA 0B 8D 57  óU.å.Á.Þ\8M÷º..W
00000110  8A 4C 70 2B 6B F1 1D 5F  AC 00 00 00 00           ŠLp+kñ._¬....
```

이를 번역하면 '재무부 장관이 은행에 대한 두 번째 구제금융을 앞두고 있다'는 뜻이다. 2007년과 2008년에 발생한 미국 서브프라임 모기지 사태를 해결하기 위해 각국은 양적완화를 통해 화폐를 발행하고 있었다. 그러나 이렇게 발행된 화폐로 경제 위기의 주범인 금융기관들을 구제하자 시민사회에서는 반발이 일어났다. 2011년 미국에서의 반反 월가 시위Occupy Wall Street는 이런 배경 때문에 일어났다. 비트코인의 첫 블록을 채굴한 사람이 사토시 나카모토라는 점을 감안하면 그가 비트코인을 통해 정치적 권력과 금융 권력의 남용을 제한하고, 탈중앙화된 화폐인 비트코인을 대안으로 제안하려고 했음을 알 수 있다. 그래서인지 그의 이메

일 후반부에는 비트코인의 발행 계획이 간략하게 기재되어 있다. "첫 4년 동안 1,050만 개, 그다음 4년 동안 525만 개, 그다음 4년 에는 262만 5,000개, 그다음 4년 동안에는 131만 2,500개, 이렇게 계속…."

이번 이메일에 가장 먼저 답변을 보낸 사람은 지난번 이메일에 서 높은 관심을 보였던 할 피니였다. 그는 비트코인의 한정된 발행 량이 매우 재미있는 아이디어라고 하면서, 만약에 비트코인이 전 세계 지불결제 시스템을 장악한다면 비트코인 가격은 1,000만 달 러까지 올라갈 것이라 예상했다. 이메일을 보낸 날인 1월 11일, 피 니는 트위터에 블록체인 역사에 길이 남을 두 단어짜리 트윗을 남 겼다. "Running bitcoin(비트코인 실행 중)." 비트코인은 이렇게 시작 되었다.

[그림 3] 할 피니가 2009년 1월 11일에 남긴 트윗 내용

출처: https://twitter.com/halfin/status/1110302988

비트코인의 정신적 뿌리, 사이퍼펑크

비트코인과 더 나아가 블록체인의 시작을 이해하려면 역사를 조금 거슬러 올라가 1990년대 '사이퍼펑크'라는 운동을 살펴봐야 한다. 이 단어는 '암호'를 의미하는 'cipher'의 동음이의어인 'cypher'와 '반항아'나 '문제아'로 번역될 수 있는 'punk'의 합성어다. 사이퍼펑크는 인터넷 시대에 암호학 기술을 활용해 개인정보 보호를 추구하고, 감시와 검열에 저항하는 사람들을 일컫는다. 위키리크스 창립자인 줄리언 어산지Julian Assange, NSA 내부고발자인 에드워드 스노든Edward Snowden, 비트코인의 창시자 사토시 나카모토 같은 사람들이 대표적인 사이퍼펑크들이다.

사이퍼펑크를 제대로 이해하려면 1993년 3월 9일 컴퓨터 프로그래머이자 수학자인 에릭 휴즈Eric Hughes가 발표한 〈사이퍼펑크 선언문〉을 살펴볼 필요가 있다. 선언문의 내용은 짧지만 일반인이 이해하기에는 조금 어려운 편이다. 독자들의 편의를 위해 그 내용을 요약하면 다음과 같다.

- 인터넷 시대의 열린 사회를 위해서는 사생활 보호가 필요하다.
- 사생활 보호의 본질은 내가 원할 때 나의 신원을 공개할 수

있는 권한을 갖는 것이다.

- 열린 사회에서 사생활 보호를 위해서는 현금 거래와 같은 익명 거래 시스템이 필요하다.
- 열린 사회에서 사생활 보호를 위해서는 암호화와 암호화 서명 기술도 필요하다.
- 사이퍼펑크는 익명 시스템을 구축하기 위해 노력하고 있으며, 사생활을 보호하기 위해 암호화, 익명 메일 전송 시스템, 디지털 서명, 전자화폐 등을 활용한다.
- 사이퍼펑크는 이를 위한 코드를 작성하며, 전 세계 사람들에게 무료로 공개한다.

선언문에 나와 있듯이 이들은 개인의 사생활 보호를 위해 암호화, 익명 이메일, 디지털 서명, 전자화폐를 활용한다. 디지털 서명인 PGP는 이미 1991년에 개발되었으며 이메일 암호화나 '라바비트Lavabit' 같은 익명 이메일 서비스도 오래전부터 존재해왔다. 이러한 기술들 중 전자화폐는 가장 최근에 등장했는데, 바로 2009년에 등장한 비트코인이다.

비트코인은 사이퍼펑크 정신을 계승하며 개인의 사생활 보호와 더 나아가 개방된 사회를 추구한다. 따라서 비트코인은 표면적으로는 투자 자산이지만 보다 깊이 이해하면 하나의 사회운동과도 같은 측면이 있다. 비트코인과 관련된 활동을 하다 보면 개인의 자유와 주권, 검열에 대한 저항, 중앙집중화된 거대 세력에 대한 반감 등의 주제를 자주 마주하게 되는데, 이는 사이퍼펑크 정신이 계속 이어져 오고 있다는 점을 입증하는 증거이기도 하다.

〈사이퍼펑크 선언문〉 전문

디지털('electric'을 의역함) 시대에서 열린 사회를 위해서는 사생활privacy 보호가 필요하다. 사생활은 비밀과는 다르다. 사생활은 온 세상에 알리고 싶지 않은 일이지만, 비밀은 누구에게도 알리고 싶지 않은 일이다. 사생활은 세상에 자신을 선택적으로 드러내는 힘이다.

만약 두 당사자가 거래를 하면, 각각 그 거래에 대한 기억을 갖게 된다. 각 당사자는 이 거래에 대한 자신의 기억을 말할 수 있다. 누가 그것을 막을 수 있을까? 여기에 반대하는 법률을 통과시킬 수도 있겠지만, 말할 권리에 대한 자유는 사생활 보호 이상으로 열린 사회의 토대가 된다. 우리는 어떠한 발언에 대해서도 제한하려 하지 않는다. 만약 여러 당사자들이 한 토론장에서 함께 대화한다면 각 당사자는 다른 모든 사람들과 대화하고, 다른 사람들에 대한 지식을 취합할 수 있다. 디지털 기반 의사소통의 힘은 이러한 집단 대화를 가능하게 했고, 단순히 우리가 없애고 싶다고 해서 없어지지 않을 것이다.

우리는 사생활 보호를 원하기 때문에, 거래를 하는 각 당사자가 해당 거래에 반드시 필요한 정보만 갖도록 해야 한다. 모든 정보가 알려질 수도 있기 때문에, 우리는 가능한 한 적은 정보를 공개하도록 해야 한다. 일반적으로 개인의 신원은 드러나지 않는다. 상점에서 잡지를 사서 점원에게 현금을 줄 때에는 내가 누군지 알릴 필요가 없다. 내가 이메일 서비스 제공자에게 메시지를 보내고 받도록 요청할 때, 이메일 서비스 제공자는 내가 누구와 대화하고 있는지, 내가 무엇을 말하는지, 다른 사람들이 나에게 무엇을 말하는지 알 필요가 없다. 서비스 제공자는 메시지를 받는 방법과 내가 지불해야 하는 수수료만 알면 된다. 거래의 기본 작동 방식에서 내 신원이 드러난다면 나는 사생활이 없어지게 된다. 나는 선택적으로 나를 드러낼 수 없다. 나는 항상 나를 드러내야 한다.

따라서 열린 사회에서의 개인정보 보호를 위해서는 익명 거래 시스템이 필요하다. 지금까지는 현금이 주된 익명 거래 시스템이었다. 익명 거래 시스템은 비밀 거래 시스템이 아니다. 익명 시스템은 내가 정말 원할 때만 신원을 공개할 수 있는 힘을 개인에게 부여한다. 이것이 사생활 보호의 본질이다.

열린 사회의 개인정보 보호에는 암호화도 필요하다. 내가 무슨 말을 했을 때 내가 의도한 사람들에게만 들리기를 원한다. 내가 말하는 내용이 온 세상에 공개된다면 나의 사생활은 없다. 암호화는 사생활 보호에 대한 욕구의 표현이고, 약한 암호화는 사생활 보호에 대한 욕구가 그리 강하지 않다는 말이다. 그리고 익명이 기본으로 적용되었을 때 자신의 신원을 확실하게 드러내기 위해서는 암호학적 서명이 필요하다.

우리는 정부, 기업 또는 기타 대규모의 얼굴 없는 조직이 우리에게 사생활 보호를 허락하리라고 기대하지 않는다. 우리에 대해 말하는 것이 그들에게 유리하기 때문이다. 우리는 그들이 말할 것이라고 예상해야 한다. 그들의 발언을 막으려고 하는 시도는 정보의 현실과 싸우는 것이다. 정보는 단지 자유로워지기를 원할 뿐 아니라, 자유로워지기를 갈망한다. 정보는 사용 가능한 저장 공간을 채우도록 퍼져나간다. 정보는 소문보다 더 젊고 더 강한 친척이다. 정보는 소문보다 발이 빠르고, 눈이 많고, 더 많이 알고, 덜 이해한다.

우리는 우리의 사생활을 보호해야 한다. 우리는 함께 모여 익명 거래를 허용하는 시스템을 만들어야 한다. 사람들은 속삭임, 어둠, 봉투, 닫힌 문, 비밀 악수, 운반책 등으로 수세기 동안 자신의 사생활을 보호해왔다. 과거의 기술은 강력한 사생활을 허용하지 않았지만 디지털 기술은 이를 허용한다.

우리 사이퍼펑크는 익명 시스템을 구축하기 위해 최선을 다하고 있다. 우리는 암호화, 익명 메일 전송 시스템, 디지털 서명, 전자화폐를 활용하여 사생활을 보호하고 있다.

사이퍼펑크는 코드를 작성한다. 우리는 사생활을 보호하려면 소프트웨어를 만들어야 한다는 점을 알고 있다. 우리 모두가 행동하지 않는다면 사생활을 보호할 수 없음을 알기 때문에 우리는 코드를 작성할 것이다. 우리는 동료 사이퍼펑크가 활용하고 가지고 놀 수 있도록 코드를 공개한다. 우리 코드는 전 세계 모든 사람이 무료로 사용할 수 있다. 당신이 우리가 작성하는 소프트웨어를 승인하지 않더라도 우리는 별로 신경 쓰지 않는다. 우리는 소프트웨어가 파괴될 수 없고 널리 분산된 시스템이 꺼질 수 없다는 것을 알고 있다.

사이퍼펑크는 암호화가 근본적으로 사생활과 관계된 행위이기 때문에 암호화에 대한 제재를 규탄한다. 실제로 암호화 작업은 공공 영역에서 정보를 제거한다. 암호화를 규제하는 법률도 그 국가의 국경과 강제력의 범위까지만 영향을 미친다. 암호화 기술은 필연적으로 전 세계에 퍼질 것이며 암호화 기술을 통해 익명 거래 시스템이 실현될 것이다.

사생활 보호가 널리 퍼지기 위해서는 사생활 보호가 사회 계약의 일부가 되어야 한다. 공동선을 이루기 위해 사람들이 모여 이러한 시스템을 배포해야 한다. 사생활 보호는 사회에서 동료들의 협력이 있을 때에만 발전한다. 우리 사이퍼펑크는 당신의 질문과 우려에 관심이 있으며 우리가 스스로를 속이지 않기 위해 당신이 함께 참여하기를 바란다. 그러나 일부 사람들이 우리의 목표에 동의하지 않는다고 해서 우리가 가는 길을 벗어나지는 않을 것이다.

사이퍼펑크는 사생활 보호를 위해 네트워크를 더 안전하게 만드는 데 적극적으로 참여하고 있다. 함께 신속하게 나아가자.

디지털 세계의 돈이 '진짜 돈'이 되기까지

현재 비트코인은 다른 블록체인 프로젝트들에 비해 상당히 안정적이며 변화가 없는 이미지를 가지고 있다. 그러나 비트코인 역시 초기에는 다른 소프트웨어처럼 여러 버그를 가지고 있었으며, 이에 따라 많은 업데이트를 거쳤다.

2009년 1월 9일에 v0.1을 출시하고 이틀 뒤인 1월 11일, 사토시는 v0.1.2를 공개했고, 그다음 날인 12일에는 노드 간 연결 문제를 개선한 v0.1.3을 발표했다. 이어서 다음 달인 2월 4일에는 니콜라스Nicolas라는 사용자가 발견한 디스크 용량 부족 문제를 해결한 v0.1.5가 출시되었다.

시간이 흐르면서 사토시 나카모토 외에도 점차 많은 사람들이 개발에 참여하기 시작했다. 2009년 12월에 발표된 v0.2에서는 처음으로 사토시 나카모토 외의 개발자 이름이 등장한다. 마르티 말미Martti Malmi라는 사람이다. 마르티 말미는 핀란드 출신으로 2009년부터 2011년까지 비트코인 개발자로 활동했다. 최초로 비트코인을 채굴한 사람 중 한 명이지만 일반적인 예상과 달리 그는 비트코인으로 큰 부를 축적하지 않았다. 마르티 말미는 초기에 5만 5,000개의 비트코인을 채굴하였으나 2009년 10월에 5,050BTC를 5.02달러에, 즉 한 개당 약 1원에 뉴 리버티 스탠더드New Liberty Standard에 판매하였다. 뉴 리버티 스탠더드는 최초의 비트코인 거래소로, 마르티 말미는 이 거래소를 지원하기 위해 비트코인을 판매했다고 밝혔다. 또한 그는 2010년에 비트코인 익스체인지닷컴bitcoinexchange.com이라는 사이트를 운영하면서 상당수의 비트코인을 무료로 배포했는데, 그 양이 약 2만 개 정도라고 한다. 2011년에 비트코인 가격이 15~30달러를 오르락내리락할 때 그는 1만 개 이상의 비트코인을 새 아파트를 구입하기 위해 판매했다.

그리고 나머지 대부분을 2012년에 5달러 정도에 판매했는데, 새 직장을 찾는 데 예상보다 시간이 많이 소요되었기 때문이라고 그는 설명했다. 그리고 점차 수많은 개발자들이 들어왔다. 지금도 잘 알려진 가빈 앤더슨Garvin Andresen이나 제프 가직Jeff Garzik 그리고 라스즐로 핸예츠Laszlo Hanyecz도 비트코인 개발자 목록에 등장했다. 점차 커져가는 커뮤니티와 함께 비트코인 개발도 활발해졌다. 비트코인은 2010년 7월 v0.3을 시작으로 총 18회에 걸쳐 업데이트 됐다.

자산으로서의 비트코인도 점차 자리 잡기 시작했다. 비트코인이 세상에 처음 등장하고 9개월이 지난 뒤인 2009년 10월, 앞서 언급된 뉴 리버티 스탠더드에서 최초로 비트코인 가격이 달러로 매겨졌다. 2009년 10월 5일에는 비트코인 가격이 1달러에 1,309.03BTC(1BTC가 1,300달러인 게 아님)였고, 11월 1일에는 1달러당 737.82BTC까지 상승하였으나, 12월 28일에는 다시 1달러당 1,578.77BTC까지 하락했다. 이는 현재와 같이 거래소에서 거래되는 가격이 아니라 비트코인 채굴 비용을 기준으로 뉴 리버티 스탠더드에서 책정한 가격이다. 지금은 사이트가 없어져 모든 정보를 확인할 수 없지만 웹사이트 아카이빙 서비스에 보관되어 있는 12월 29일 기록을 보면 뉴 리버티 스탠더드에서는 비트코인 가격에 대해 다음과 같이 설명하고 있다.

"우리의 교환 비율은 1달러를 1년 동안 높은 성능의 CPU가 탑재된 컴퓨터를 돌리는 평균 전력 소모량, 1331.5킬로와트시에 미국 가정의 평균 전기 요금(작년 기준)인 0.1136달러로 곱한 뒤 이를 12개월로 나누고, 다시 지난 30일간 제 컴퓨터에서 채굴된 비트코인으로 나눈 값입니다."

꽤 복잡한 설명이지만 풀이해보자면 이렇다. 한 달 동안 채굴하는 데 드는 평균 비용을 산정하고(1331.5×0.1136/12), 이를 사이트 운영자의 컴퓨터에서 한 달 동안 채굴된 비트코인 수와 비교하여 가격을 책정하는 것이다. 즉 자신의 컴퓨터를 기준으로 하여 비트코인 채굴에 드는 비용을 얼추 계산한 것이다. 12월 28일을 기준으로 살펴보면, 고성능 컴퓨터에서 한 달 동안 채굴된 비트코인의 수는 약 1만 9,900개로 추정된다.

2010년 5월 22일에는 비트코인 역사에서 아주 중요한 사건이 일어났다. 비트코인 개발자인 라스즐로가 파파존스에서 비트코인으로 피자를 주문한 것이다. 피자 가격은 두 판에 1만 BTC, 10년 뒤인 2020년 5월 22일 가격으로 치면 1,000억 원에 가까운 금액이다(물론 여러분이 이 책을 읽는 순간에는 훨씬 더 큰 금액일 가능성이 높다). 이 사건은 사상 최초로 비트코인이 실생활과 접점을 이뤘다는 점에서 중요한 의미를 갖는다. 지금이야 비트코인을 가지고 있으면 거래소에서 현금화를 하고, 그 돈으로 원하는 것을 살 수 있지만 2010년의 상황은 그렇지 않았다. 사람들은 많은 양의 비트코인을 채굴해 소유하고 있었지만 아무도 그것을 사용하고 있지 않았다. 기껏해야 약간의 현금을 얻는 용도뿐이었다. 그러나 비트코인이 지향하는 'P2P 전자화폐'가 되기 위해서는 현물과 교환할 수 있어야 했다. 그랬기에 이 피자 거래는 비트코인 커뮤니티를 열광시켰고, 피자를 비트코인, 나아가서 블록체인 커뮤니티의 상징적 음식으로 만들었다. 지금도 5월 22일이 되면 많은 블록체인 커뮤니티 사람들이 피자를 먹으며 이날을 기념한다.

하지만 좋은 일만 있던 것은 아니다. 비트코인의 존폐가 걸렸던 위기도 있었다. 비트코인이 세상에 나오고 1년 7개월이 지난 2010년 8월 15일, 제프 가직이 'Strange block 74638'이라는 제목의 포스트를 비트코인 포럼에 남겼다. 해당 블록 기록에서 무려 1,844억 6,744만 737개의 비트코인이 발행됐다는 것이었다. 이는 비트코인의 최대 발행량인 2,100만 개를 훨씬 초과하는 양이었다. 사토시 나카모토는 이 문제를 해결한 소스코드를 5시간 뒤에 깃허브에 올렸다. 그러나 이로 인해 비트코인 체인이 총 수량 2,100만 개인 '정직한' 체인과 1,844억 개의 '나쁜' 체인 두 갈래로 분리되었다. 다행히 새로운 버전이 출시된 지 11시간 후, 문제 발생 후 26시간 뒤인 8월 16일 오전 8시 20분에 74691블록에서 업데이트된 체인이 버그가 있는 체인을 앞서게 되어 비트코인은 다시 정상 상태로 돌아올 수 있었다. 사토시 나카모토 혼자였다면 빠르게 발견하지 못했을 가능성이 높고, 그러면 비트코인이 정상으로 돌아오기 위해 더 많은 자원이 소모되고 더 큰 부작용이 발생했을 것이다. 그러나 많은 개발자들이 참여하면서 비트코인 네트워크의 회복탄력성이 높아졌기에 이런 중대한 버그가 발생했음에도 큰 문제 없이 넘어갈 수 있었다.

비트코인의 발전을 보여주는 또 다른 현상은 채굴 해시레이트Hashrate의 증가다. 해시레이트에 대해 이해하기 위해서는 비트코인 채굴이 어떻게 이루어지는지 알아야 한다. 흔히들 비트코인 채굴을 컴퓨터로 어려운 문제를 푸는 것이라고 오해하곤 하는데 사실 비트코인 채굴은 단순히 말하면 '뽑기'와도 같다. 어떤 입력값을 넣었을 때 해시라는 출력값이 나오는데 채굴은 이 출력값이 특정 조건을 만족할 때까지 계속 입력값을 바꿔서 집어넣는 것이다. 값을 입력하고 출력을 확인하는 과정을 해싱Hashing이라고 하는데 채굴 해시레이트는 1초에 얼마나 많은 해싱이 이루어졌는지 나타내는 값이다.

비트코인 채굴이 시작된 뒤 첫 2주일 동안의 해시레이트는 초당 421만 번(4.21메가)이었다. 이 값은 일반적인 개인 컴퓨터 몇 대로도 가능한 수준이다. 1년이 지난 2010년 1월 초의 해시레이트는 7.2메가였다. 1년 전과 비교하면 2배지만 거의 관심을 받지 못한다고 봐도 될 수준이었다. 그러던 것이 2010년에 해시레이트가 비약적으로 상승한다. 1월에 7.2메가였던 해시레이트는 4월에는 48메가로 6배 이상으로 증가했고, 7월에는 또다시 약 4배 수준인 186메가가 되었다. 피자 데이가 뉴스를 타고 비트코인이 사람들 사이에 입소문이 퍼지면서 7월 이후 해시레이트는 보다 극적으로 증가했는데, 한 달 뒤인 8월에는 15배 수준인 2.5기가가 되었고, 세 달이 지난 11월에는 25기가, 그리고 12월 31일에는 112기가까지 상승했다. 결과적으로 2010년 한 해 동안에만 해시레이트가 1만 5,556배로 증가한 것이다.

비트코인이 알려지고 사람들이 모이면서 생산적인 토론도 이어졌다. 그중 가장 유명한 것은 "비트코인은 미제스의 회귀정리를 거스르지 않는다"라는 게시물일 것이다. '미제스의 회귀정리'란 화폐의 기원을 거슬러 올라가다 보면 어느 순간에는 그것이 화폐가 아니라 상품으로 여겨지는 때가 나타난다는 개념이다. 그리고 화폐가 된 상품은 그 자체로 가치와 수요를 가지고 있어야만 한다는 의미다. 정리하자면 화폐는 시장에서 유용한 '상품'으로부터 기원한다는 것인데, 대표적인 예로 금이나 은을 들 수 있다. 그러나 이 게시물이 유명한 이유는 따로 있다. 이 글에 대한 답변으로 그 유명한 사토시의 사고실험이 등장하기 때문이다.

사토시의 사고실험은 비트코인이 왜 '근원적인 가치'를 갖는지 설명한다. 사토시는 다음과 같이 말했다.

사고실험을 하나 해보자. 금과 같이 희귀한 어떤 금속이 있다고 치자. 이 금속은 다음과 같은 성질을 갖는다.

- 칙칙한 회색이다.
- 전도체로 쓰일 수 없다.
- 단단하지 않지만, 연성이 있거나 쉽게 모양을 빚을 수 있는 것도 아니다.
- 실용적이거나 심미적인 사용에 적합하지 않다.
- 그러나 하나의 마법 같은 성질을 가지고 있으니, 커뮤니케이션 채널을 통해 전송될 수 있다.

마지막에 나온 마법 같은 성질을 제외하면 우리 주변에서 찾을 수 있는 물질 중 가장 비슷한 것은 하수구에 껴 있는 거무튀튀한 찌꺼기인 것 같다. 그러나 이것이 인터넷을 통해 전달이 된다면? 그리고 이것이 금과 같이 희귀하다면?

사토시는 이에 대한 대답으로 "어떤 이유에서든 초기에 가치를 갖기만 하면 사람들은 먼 거리에서 송금을 하고, 물건을 사고파는 데 사용하기 위해 이것을 찾을 것이다."라고 말했다. 이 답변이 달린 때는 2010년 8월 말로 이미 비트코인은 시장가격을 갖고 있는 상태였다. 물론 하나에 70원 정도에 불과했지만 말이다.

마지막으로 2010년에 일어난 중요한 사건을 언급하지 않을 수 없다. 이 사건은 아무도 예상치 못한 때 다가왔고, 2010년이 비트코인의 황금기라 믿었던 사람들을 낙담시킬 만큼 충격적인 사건이었다. 하지만 이 사건이 있었기에 비트코인이 지금의 자리까지 성장할 수 있었다. 2010년 12월 12일, 사토시 나카모토는 여느 때와 같이 비트코인 0.3.19 버전 업데이트 공지를 올렸다. 내용은 별다를 것이 없는 기술적인 사항들이었다. 그러나 이 포스팅을 마지막으로 사토시 나카모토는 사라졌다.

그 전날에도, 또 그 전날에도 사토시는 평범하게 포럼에서 활동을 하고 있었다. 그러나 그의 신변에 혹은 심경에 어떤 변화가 있었는지는 몰라도 그는 갑자기 사라졌다. 남아 있는 우리로서는 사토시가 어떤 이유에서 종적을 감췄는지 알아낼 수가 없다. 분명한 것은 사토시가 더 이상 나타나지 않는다는 사실뿐이다. 그리고 사토시가 사라진 이후 사토시가 초기에 채굴해서 가지고 있던 100만여 개의 비트코인은 여전히 움직이지 않고 있다.

비트코인 없는 블록체인은 가능할까?

암호화폐 시장에서 비트코인의 중요성은 아무리 강조해도 부족함이 없다. 단순히 암호화폐 시장에서 시가총액이 제일 큰 코인이어서 그런 것만은 아니다. 비트코인은 블록체인의 시작이고, 근본이며, 상징이기 때문이다.

현재 블록체인 기술은 여러 가지 방향으로 다채롭게 발전했지만 그 기본을 단순하면서도 강건하게 지키고 있는 것은 비트코인이다. 현재 비트코인은 가장 분권화되어 있고, 가장 높은 보안성을 가지며, 가장 많은 사람들이 참여하고 있는 네트워크다. 지금 비트코인을 운영하고 있는 노드 수는 1만 개 이상에 이르고, 이들 중 일부는 만약의 상황을 대비해 인공위성에서 운영되고 있다. 비트코인은 현존하는 블록체인 중에서 가장 해킹하기 어려우며 프로그램 개발이 매우 신중하게 진행되었기에 최소한의 버그만을 가지고 안정적으로 운영되고 있다. 또한 통계마다 다소 차이가 있지만 전 세계에서 비트코인을 보유한 사람의 수는 대략 1억 명으로 추정되며, 일일 전송량은 약 5,000억 달러에 이르는, 무시할 수 없는 규모의 암호화폐다.

비록 ICOInitial Coin Offering(가상화폐공개)[*], 디파이DeFi[**], NFT 같은 유행을 빠르게 따라가지는 못하지만 비트코인은 블록체인의 기본에 충실하며 블록체인 생태계를 지탱해주고 있다. 비트코인이 건재하다면 블록체인은 그 명맥을 계속 이어갈 수 있고 비트코인이라는 기본을 토대로 새로운 실험을 계속 이어나갈 수 있다. 그러나 반대로 만약 비트코인이 실패한다면 블록체인의 존재 자체가 위태로워질 수도 있다.

그러나 무엇보다 중요한 사실은 비트코인에는 '주인'이 없다는 점이다. 비트코인은 사토시 나카모토가 만들었지만 그는 이미 사라진 지 오래다. 혹자는 사토시가 이미 죽었다고 생각하기도 한다. 사토시가 사라진 후 비트코인은 말 그대로 주인 없는 코인이 되었다. 일반적으로 주인이 없다는 말은 부정적 의미로 받아들여지지만, 블록체인의 맥락에서는 이것이 오히려 긍정적으로 작용한다. 탈중앙화를 위해서는 주인이나 창시자 같은 상징적인 인물이 사라지는 편이 더 바람직하며, 그 빈 자리를 수많은 참여자들의 네트워크가 채우고 있기 때문이다. 사토시가 사라졌음에도 불구하고 비트코인에 담겨 있는 그의 '이상'은 여전히 남아 있으며 수많은 재능 있는 개발자들이 비트코인의 이상에 매료되어 사토시의

---

* ICO, 즉 가상화폐공개는 백서를 공개한 후 신규 암호화폐를 발행해 투자자들로부터 사업 자금을 모집하는 방식을 말한다.

** 디파이는 '탈중앙화된 금융(decentralized finance)'을 뜻하는 용어로, 블록체인 기술을 이용하여 중앙기관 없이 금융 서비스를 제공하는 것을 말한다.

빈자리를 넘치도록 채우고 있다.

물론 사토시가 활동하고 있었다면 비트코인 개발은 조금 더 빠르게 진행되었을 수도 있다. 논란이 일어날 때마다 사토시가 나타나 한마디를 해주면 다들 암묵적으로 수긍하는 분위기가 형성됐을 테니 말이다. 이는 창시자가 활동하고 있는 다른 코인에서 종종 관찰되는 상황이다. 그러나 비트코인은 사토시가 더 이상 활동하지 않기 때문에 참여자들이 끊임없는 토론을 통해 합의를 도출한다. 그래서 변화가 다소 느리긴 하지만 진정한 의미의 분권화된 방식으로 발전하고 있다.

또한, 주인이 없다는 것은 일종의 공공재가 되었다는 뜻이기도 하다. 대부분의 코인은 창시자가 큰 지분을 소유하고 있어 그 코인의 가치가 상승하면 무의식적으로 그 창시자에 대해 부러움을 느끼게 된다. 알려진 바에 따르면 사토시는 대략 100만 개의 코인을 소유한 것으로 추정되는데, 그의 지갑은 이미 오랫동안 활동이 멈춰 있는 상태다. 사토시가 사라진 지금, 비트코인은 참여하는 모든 이들의 소유가 되었다. 그렇기 때문에 비트코인에 가장 큰 위협이 될 만한 사건은 아마도 사토시 나카모토의 재등장일 것이다. 그가 다시 나타나게 되면 비트코인의 중요한 장점들이 사라질 수 있기 때문이다. 그러나 현재까지 그런 가능성은 보이지 않고 있다.

느리지만 꾸준하게 진화하는 비트코인

그러나 일각에서는 비트코인이 도태된 기술이라고 비판하기도 한다. 전송도 느리고, 처리량도 적고, 에너지도 많이 잡아먹는 기술이자 새로운 기능들을 빨리 받아들이지 못하는 오래된 기술이라는 주장이다. 어떤 사람들은 비트코인이 더 이상 개발이 이루어지지 않는 '죽은 코인'이라고 폄하하기까지 한다.

그러나 이러한 주장은 사실이 아니다. 비트코인은 현재도 가장 꾸준히 개발되고 있는 암호화폐 중 하나다. 비트코인 깃허브 사이트에 가보면 전 세계 개발자들이 모여서 매일같이 비트코인 코드에 대해 토론하고, 테스트하고, 개발하는 모습을 볼 수 있다. 지난 1년 동안 비트코인은 매일 평균 약 일곱 건의 코드 업데이트가 있었는데 이는 전체 암호화폐 중 5위 안에 들며, 개발 내용도 매우 수준이 높다.

이러한 끊임없는 개발을 통해 비트코인은 느리지만 꾸준히 진화하고 있다. 2017년에는 처리량을 늘릴 수 있는 세그윗Segwit 업데이트가 이루어졌고, 2021년에는 프라이버시와 처리 효율을 향상시킨 탭루트Taproot 업데이트가 진행되었다. 그런데 세그윗이 처음 제안된 건 2015년이고, 탭루트는 2016년에 처음 제안되었다. 탭루트의 경우 첫 제안이 나온 뒤 무려 5년이 지나서야 반영된 것이다. 그 과정에는 새로운 기능의 장단점과 적용 방법에 대한 치열한 토론이 있었다. 겉으로 보기에는 비트코인의 발전 속도가 느리게 보일 수 있으나, 그 수면 아래에서는 다른 어떤 암호화폐보다 더욱 신중하고 진지하게 개발되고 있다는 사실을 알아야 한다.

비트코인은 어떻게 디지털 시대의 금이 되었나

비트코인에 대한 가장 유명한 해석은 '디지털 금'이라는 비유다. 비트코인은 한정된 개수만큼만 발행되기 때문에 희소성을 갖고 있는 자산이라는 점에서 금과 자주 비교되곤 한다. 실제로 비트코인의 총 발행량은 2,100만 개로 고정되어 있으며, 이 중 이미 1,900만 개 이상이 채굴되었다. OECD 국가의 상위 0.1%에 속하는 부자 인구가 150만 명이라는 점을 고려하면 2,100만 개는 결코 많은 수치가 아니다. 또한 비트코인의 채굴 속도 역시 그 희소성을 더해준다. 비트코인의 규칙에 따르면 매 4년마다 채굴 속도가 절반으로 줄어들며, 다음 반감기인 2024년에는 10분마다 채굴되는 양이 현재(2023년)의 절반인 3.125BTC로 줄어들게 된다. 이에 따라 4년 후에는 채굴 가능한 비트코인이 100만 개에 불과하게 될 전망이다. 이 점은 전 세계의 금 매장량이 한정되어 있으며,

더 많이 채굴할수록 채굴 속도가 줄어드는 현상과 유사하다.

다만 금이 물리적인 존재인 반면, 비트코인은 디지털적인 존재라는 점에서 차이가 있다. 비트코인 진영에서는 세상이 점차 디지털화되고 있음을 감안할 때 비트코인이 물리적인 금의 역할을 대체함으로써 사람들의 인정을 받을 것이라고 주장한다.

디지털 금이라는 비유는 역사적으로 상징적인 가치를 지닌 금과 비트코인을 연결짓는다는 점에서 사람들의 관심을 끌기에 충분하다. 그러나 비물질적인 비트코인이 어떻게 물리 법칙의 지배를 받는 금을 대체할 수 있을지 의문을 갖는 사람들도 많다. 물리적 법칙은 절대불변하기 때문에 인간은 인위적으로 금을 만들어낼 수 없고, 지구에 존재하는 금은 한정되어 있으며 점차 희소해지고 있다. 그러나 비트코인은 단순히 코드에 불과하므로 이 코드에 오류가 있거나 변화가 생길 수도 있다. 그래서 비트코인을 금에 비유하는 것은 비트코인을 처음 접하는 사람에게는 유용하나 그 본질을 설명하기에는 적절하지 않다.

그런데 최근 비트코인의 본질을 깊이 이해한 통찰력 있는 설명이 제시되었다. 비트코인의 열렬한 지지자로 알려진 마이크로스트레터지Microstrategy의 CEO인 마이클 세일러Michael Saylor는 돈을 에너지로, 비트코인을 디지털 에너지로 본다는 주장을 했다. 역사적으로 돈으로 사용하던 금이나 은의 채굴 과정에서는 물리적 에너지가 소비된다. 이때 소비되는 에너지는 개념적으로 금이나 은 안에 축적되며, 이것이 바로 그들의 가치 원천이 된다. 따라서 금을 캐는 데 드는 에너지(또는 다른 형태의 비용)가 많이 소비될수록 금 가격은 상승하고, 에너지 소비가 줄어들면 가격은 하락한다. 비트코인 역시 이와 같다. 비트코인 채굴에는 전기와 컴퓨팅 파워가 필요하다. 비트코인 채굴 과정에서 소비되는 에너지는 개념적으로 비트코인 안에 축적되어 그것이 비트코인 가치의 원천이 된다. 단지 금과의 차이점은, 금을 캐기 위해선 물리적 도구가 필요한 반면, 비트코인을 채굴하기 위해서는 컴퓨터라는 디지털 도구가 사용된다는 점이다.

이러한 개념을 따라가다 보면 비트코인은 '에너지를 전환해서 만든 돈'이라고 말할 수 있다. 과거 시대의 돈은 금이나 은과 같은 귀금속을 주재료로 사용해서 만들었지만 미래 디지털 시대의 돈인 비트코인은 에너지를 재료로 사용해 생산된다. 그리고 이 돈은 가치를 전달하고, 저장하고, 교환하는 데 사용될 수 있다. 이렇게 보면 어쩌면 비트코인의 본질은 우리가 역사적으로 사용해왔던 화폐의 본질과 그렇게 크게 다르지 않을지도 모르겠다.

최후의 안전자산인가, 범죄자들의 거래 수단인가

법정화폐 체제가 불안정한 국가에서는 공통적으로 비트코인에 대한 관심이 급증한다. 2013년 그리스에 닥친 금융 위기 시기에 키프로스에서는 비트코인 가격이 타 국가 시세보다 높았으며, 법정화폐 시스템이 실질적으로 무력화된 베네수엘라에서는 비트코인이 대체 화폐로서 주목받기도 했다. 2016년 인도에서 화폐 개혁이 실시됐을 때는 인도의 거래소에서 비트코인 가격이 급등하기도 했다.

이렇게 비트코인이 대중에게 주목받는 이유는 크게 두 가지를 꼽을 수 있다. 하나는 국경을 넘는 자본의 이동이다. 국가 경제 운영의 일환으로 엄격한 통화 정책을 적용받는 법정화폐와 달리 비트코인은 해외 송금에 전혀 제약을 받지 않으며, 은행에 비싼 수수료를 내지 않아도 되고, 전송 속도도 일반 해외 송금보다 현저히 빠르다. 게다가 현금화도 상당히 용이해 한 국가에서 다른 국가로 송금하는 용도로 주목받고 있다. 물론, 이러한 현상에 대한 가치 판단(국경을 넘는 자본의 이동은 신자유주의의 핵심 개념이기도 하다)은 별도로 이루어져야 할 것이나 적어도 비트코인이 기존의 해외 송금 방법을 대체할 만큼 유용한 수단임은 분명하다.

사람들이 비트코인에 주목하는 또 다른 이유는 그것이 금과 유사한 가치 보관 수단 역할을 하기 때문이다. 비트코인은 희소성이 뚜렷하며 도난 위험이 적기 때문에 종종 금의 대체품으로 인식되고 있다. 그런 이유로 특히 자산가들이 비트코인을 자산 포트폴리오의 일부로 편입하곤 한다. 즉 모든 자산을 비트코인으로만 보유하는 것이 아니라 부동산, 예금, 주식, 금 등을 보유하면서 동시에 비트코인도 보유하는 것이다. 비트코인이 매력적인 가치 저장 수단으로 인식되는 가장 큰 이유는 아이러니하게도 그것이 누구에게도 보증을 받지 않고 있기 때문이다. 누군가가 가치를 보증해준다는 얘기는 역으로 보증인이 사라지는 순간 가치를 잃게 된다는 뜻이기도 하다. 하지만 비트코인은 인류가 멸망하지 않는 한 계속 존속되는 특성이 있어, 최후의 안전 자산 중 하나로 인식되고 있다.

그러나 빛이 있으면 언제나 그림자도 있는 법이다. 비트코인 역시 부작용을 내포하고 있는데, 가장 심각하게 인식되는 문제 중 하나가 바로 자본의 해외 유출이다. 이는 앞서 언급한 국경을 넘는 자본이라는 특성 때문이다. 오늘날은 전 세계의 거의 모든 국가가 자본의 해외 유출을 철저히 관리하면서 환율 정책이나 통화 정책을 실시하고 있다. 그러나 비트코인을 통한 자본 유출이 통제를 벗어난다면, 국가는 큰 불확실성을 안고 통화 정책을 펼칠 수밖에 없다.

또 다른 부작용은 비트코인이 불법 거래에 활용되고 있다는 점이다. 2016년에 비트코인이 많은 사람들의 주목을 받았던 이유 중 하나는 랜섬웨어 공격을 한 해커에게 비트코인으로 몸값(랜섬웨어로 암호화된 파일을 풀어주는 대가)을 지불해야 했던 사건 때문이었다. 또한 비트코인을 이용해 마약이나 불법 총기 등의 거래가 가능했던 '실크로드'라는 사이트의 운영자인 윌리엄 울브리히트가 FBI에 체포되어 실형을 선고받은 사건도 있었다. 국내에서도 보이스피싱 집단이 불법으로 취득한 자금을 비트코인으로 전환하여 해외로 송금하는 사례가 잦아, 이 때문에 시도 때도 없이 날아드는 검찰의 공문을 처리하는 것이 거래소의 주요 업무 중 하나가 되었다.

투자의 측면에서 본 비트코인

이번에는 시장의 관점에서 비트코인을 살펴보자. 암호화폐 투자를 하는 사람들에게 가장 선호하는 코인이 무엇인지 묻는다면, 각자가 선호하는 다양한 암호화폐들을 이야기할 것이다. 그러나 이 시장에서 계속 살아남아 자산을 증식한 '고래'들에게 묻는다면, 그들 대다수는 비트코인을 지목할 것이다. 아직도 10년 정도 밖에 되지 않은 암호화폐 시장에서 그들은 수천 종의 코인이 등장했다 사라지는 모습을 두 눈으로 목격해왔다. 그들은 비트코인 가격이 떨어질 때 다른 코인들이 함께 붕괴되는 경험을 이미 여러 번 했고, 어떤 코인에 투자를 하더라도 비트코인의 영향력에서 벗어나기란 어렵다는 사실을 알고 있다. 다시 말해 이미 변동성이 높은 암호화폐 시장에서 비트코인은 상대적으로 변동성이 낮고 안정적이며, 무엇보다도 망하지 않는, 존속성이 보장되는 투자처라 할 수 있다.

비트코인의 또다른 중요성은 알트코인 거래의 기본 통화로 사용된다는 점이다. 요즘은 그렇지 않지만 과거 중소형 알트코인들은 대부분 비트코인으로만 거래되었다. 그리고 알트코인의 가격도 비트코인을 기준으로 매겨졌다. 예컨대 도지코인은 2023년 8월 1일 기준, 원화로 101원에 해당하지만 비트코인을 기준으로 하면 0.00000265BTC 또는 265사토시라는 가격으로 거래되고 있다. 비트코인으로 거래되는 시장 비중이 과거에는 상당했기에 비트코인 가격이 하락하면 알트코인의 현금 기준 가격 또한 자동적으로 하락하는 현상이 일어난다. 같은 265사토시라 할지라도, 비트코인 가격이 3,800만 원일 때는 101원이지만, 2,500만 원일 때는 66원이 되는 것이다.

암호화폐에 투자 경험이 있는 사람들이라면 이와 유사한 경험을 해봤을 것이다. 소유하고 있는 코인에 문제가 없음에도 비트코인 가격이 떨어짐에 따라 코인 가격이 함께 하락하는 모습이 처음에는 이해하기 어려울 수 있다. 그러나 이는 달리 말하면 전체 암호화폐 시장이 여전히 비트코인의 영향력 아래에 있음을 의미한다. 비트코인의 시장 영향력이 많이 약화된 현재는 이런 현상이 다소 줄어들어서 이제는 비트코인 가격보다는 금리 등 전체 시장의 유동성이 더 중요해지는 추세다. 그럼에도 불구하고, 비트코인이 미치는 간접적인 영향은 여전히 무시할 수 없다.

블록체인을 알고 싶다면 비트코인을 공부하라

오늘날 비트코인에 대해 모르는 이는 거의 없을 것이다. 심지어 초등학생 아이들도 비트코인이 무엇인지 안다고 할 정도다. 하지만 비트코인의 본질을 이해하고 받아들이는 것은 그것에 대해 듣는 것과는 별개의 문제다.

개인적 경험에 따르면 비트코인을 가장 수용하지 못하는 집단은 경제학자들이었으며 그다음으로는 컴퓨터 공학자들이었다. 비트코인과 가장 밀접해 보이는 이 두 분야의 사람들이 비트코인을 쉽게 받아들이지 못하는 현상은 꽤나 역설적이다. 하지만 경제학자들에게 비트코인은 소위 '컴퓨터 덕후'들의 허황된 이상일뿐이고, 컴퓨터 공학자들에게는 시간 낭비적인 사회실험일 뿐이다. 그들에게 비트코인은 자신들이 가지고 있는 기존의 틀에 들어맞지 않는 잡음으로 여겨진다.

그러나 블록체인의 본질을 알기 위해서는 비트코인을 제대로 이해해야 할 필요가 있다. 비트코인은 단순히 디지털화된 화폐를 넘어서 사회, 경제, 정치, 문화 등 여러 분야에 대한 근본적인 질문을 던진다. 비트코인은 블록체인이 최초로 실현된 사례이자 가장 성공한 사례이기도 하지만, 중앙집중화 시스템의 한계와 개인의 자유, 소유권, 그리고 사회적 공정성 등에 대한 다양한 사상적 고찰을 시작하게 만든 존재이기도 하다.

따라서 비트코인에 대한 본질적인 이해는 그 기술적인 면모뿐 아니라 사상적인 면모까지 포괄해야 한다. 그렇게 되면 블록체인이 단순히 머리로 이해하는 추상적인 개념이 아니라, 직접 체험하고 느끼는 현실적인 기술이 될 것이다. 그리고 그렇게 될 때 비로소 블록체인 기술이 제시하는 새로운 가능성과 변화에 대해 더욱 깊이 있게 이해하고 대응할 수 있게 될 것이다.

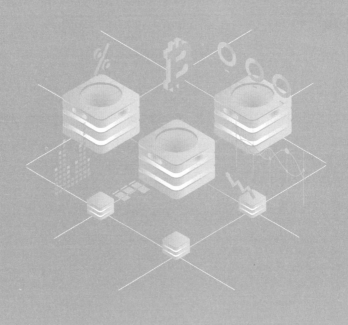

PART

02

보이지 않는
디지털 세상의 자산,
암호화폐 활용을 위한
블록체인

B L O C K   C H A I N

Chapter 03

블록체인 시작하기: 지갑 생성과 기초 보안 설정

블록체인을 시작하려면 가장 먼저 '개인 지갑'을 만들어야 한다. 개인 지갑을 보유한 사람은 지갑에 있는 코인에 대한 모든 권한을 가지고 있다. 어떤 사람들은 거래소 가입이 먼저라고 주장하기도 하는데, 블록체인을 제대로 이해하려면 지갑을 먼저 만드는 것이 핵심이다.

개인 지갑을 어떻게 만드는지 '일렉트럼Electrum'이라는 비트코인 지갑을 예로 들어 설명해보겠다. 다른 지갑들도 기본 원리는 크게 다르지 않기 때문에 이 책의 내용을 잘 이해한다면 다른 지갑을 만드는 데도 큰 어려움은 없을 것이다.

비트코인 지갑 만들기

먼저 https://electrum.org 사이트에 접속한다. 그다음에 다운로드 탭으로 이동하면 지갑 프로그램을 다운로드할 수 있다. 윈도우용으로는 여러 가지 버전이 있지만 어떤 것을 선택하든 큰 상관은 없다. 그러나 편의상 'Standalone Executable' 버전이 가장 좋다. 이 버전은 별도의 설치 과정 없이 바로 실행되기 때문이다. 프로그램을 실행하면 지갑 생성 화면이 표시된다([그림 4]). 만약 어떤 서버에 연결할지 물어보는 창이 나타난다면 'Auto connect'를 선택하면 된다.

여기에서 'default_wallet'이라고 나와 있는 부분은 지갑 이름으로, 단순 구분 용도로만 쓰이기에 그렇게 중요하진 않다. 여러 개의 지갑을 사용할 경우 어떤 지갑이 무슨 용도인지 구분할 수 있는 정도면 충분하다. 초보자의 경우 대부분 하나의 지갑을 사용하기 때문에 기본값으로 두거나 자기 이름 정도를 적곤 한다. 이제 'Next(다음)' 버튼을 눌러 다음으로 넘어가자.

이번에는 어떤 종류의 지갑을 만들지 결정해야 한다([그림 5]). 선택지는 네 가지가 있지만, 여기에서는 일반적으로 쓰는 'Standard wallet'을 선택한다. 나머지 선택지는 고급 기능이 추가되지만 그만큼 더 어렵기 때문에 초보자에게는 추천하지 않는다.

[그림 4] 일렉트럼 지갑 설치: 이름 정하기

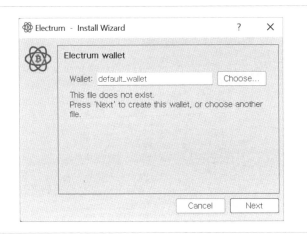

[그림 5] 일렉트럼 지갑 설치: 지갑 종류 정하기

[그림 6] 일렉트럼 지갑 설치: 키스토어 선택

다시 Next를 누르면 이번에는 'Keystore'라는 화면이 나온다 ([그림 6]). 여기서는 처음 지갑을 만드는 것이기 때문에 첫 번째 항목인 'Create a new seed'를 선택한다.

그다음으로 넘어가면 화면에 12개의 단어가 나타날 것이다([그림 7]). 보통은 12개지만 지갑 프로그램 종류에 따라 24개의 단어가 나오기도 한다. 이 단어들을 시드Seed단어라고 한다. 안내대로 이 시드단어를 종이에 옮겨 적자. 이 지갑을 실제로 사용할 생각이라면 제대로 된 종이에 번지거나 지워지지 않는 볼펜으로 또박또박 적어야 한다. 이때 반드시 주의할 점이 있다. 손으로 적는 것이 귀찮다고 시드단어를 복사해 텍스트 파일로 저장하거나, 사진

[그림 7] 일렉트럼 지갑 설치: 시드단어 생성

※ 주의: 절대로 여기에 있는 시드단어를 그대로 사용하면 안 된다. 곧바로 해킹을 당할 것이다.

을 찍어 이메일로 보내거나, 클라우드에 저장해서는 안 된다. 가급적 프린트도 하지 말고 손으로 적는 것이 좋다. 왜냐하면 디지털 기기를 거치지 않고 물리적으로 기록해야만 해킹의 위험이 줄어들기 때문이다. 혹시 내 컴퓨터가 지금 해킹에 노출되어 있다는 의심이 든다면 인터넷 연결을 끊은 다음에 시드단어를 다시 생성하기를 추천한다. 시드단어를 다시 생성하기 위해서는 'Back(뒤로)' 버튼을 눌러 뒤로 갔다가 다시 Next 버튼을 누르면 된다.

시드단어, 또는 시드키라고도 불리는 이 단어들은 블록체인 세계에서 가장 중요한 존재다. 시드단어를 가지고 있는 사람만이 지갑의 온전한 주인이 될 수 있고, 내 자산에 대한 통제권을 가질

[그림 8] 일렉트럼 지갑 설치: 시드단어 확인하기

수 있다. 반대로 이 시드단어를 잊어버린다면 내 지갑에 있는 자산도 함께 사라진다. 만약 다른 사람이 시드단어를 알게 된다면 그 사람이 내 자산을 마음대로 다룰 수 있게 된다. 시드단어는 다른 누군가가 복구해줄 수도 없다. 그래서 철저한 관리가 필요한 것이다. 다시 말해 시드단어는 블록체인이라는 은행 금고의 비밀번호와도 같다. 그러니 절대로 잊어버리지 말자.

이제 다음으로 넘어가자. 방금 전 시드단어가 있던 자리가 빈 칸이 되었다([그림 8]). 앞에 나온 시드단어를 잘 옮겨 적었는지 확인하는 과정이다. 앞에서 옮겨 적은 단어들을 순서에 맞게 입력하자. 몇 글자만 적어도 제대로 된 단어를 자동완성으로 제안하기에

[그림 9] 일렉트럼 지갑 설치: 비밀번호 설정

철자가 틀릴 걱정은 굳이 하지 않아도 된다.

모든 시드단어를 정확하게 입력했다면 다음과 같이 비밀번호를 입력하는 화면이 나온다([그림 9]). 아까 시드단어가 비밀번호라고 했는데 또 비밀번호가 나오니 혼란스러울 수도 있겠다. 다시 강조하자면 진정한 비밀번호는 시드단어다. 여기에 입력하는 비밀번호는 아무나 시드단어 단계까지 접근하지 못하도록 막는 용도일 뿐이다. 이 비밀번호를 몰라도 시드단어만 안다면 내 자산에 접근할 수 있기 때문에 시드단어를 알고 있다면 이 비밀번호는 잊어버려도 별 상관없다. 따라서 지나치게 복잡하지 않으면서도 쉽게 잊어버리지 않을 정도로, 하지만 아무나 유추하지 못하도록 적당한

[그림 10] 일렉트럼 지갑 설치 완료 화면

수준의 비밀번호를 입력하자.

Next 버튼을 눌러 다음으로 넘어가면 완성이다. 이제 당신만의 비트코인 지갑이 만들어졌다([그림 10]). 진정한 블록체인의 세계에 들어온 것을 환영한다.

시드단어, 마스터키, HD 지갑

시드단어, 개인키, 공개키

블록체인에서 가장 중요한 역할을 하는 시드단어란 무엇일까? 이해를 돕기 위해 먼저 개인키Private key와 공개키Public key라는 개념 을 알아보자. 공개키는 우리가 일반적으로 블록체인 주소라고 하는 문자열이다. 비트코인 주소는 아래와 같이 1, 3, bc로 시작한다.

14ARrCebpho98nEG69cEYC6f8GonCZzKrU

3EzonxQXPkpCyPju8o36zFXDGoh3o5kNxZ

bc1qjhyg9ja2uve8tduwxtlyg6vu90a439f0sj7wp2

하지만 이 키들은 문자 그대로 모든 사람에게 '공개'된 주소일 뿐이다. 비유하자면 자물쇠라 할 수 있다. 자물쇠는 누구나 보고 만질 수 있다. 그렇다고 해서 누구나 자물쇠를 열 수 있는 것은 아니다. 자물쇠를 열려면 딱 맞는 열쇠가 필요한데, 이 열쇠가 바로 개인키다. 어떤 경우에는 비밀키라고도 한다.

개인키와 공개키(주소)는 자물쇠와 열쇠처럼 한 쌍으로 존재한다. 어떤 개인키가 있으면 이에 대응하는 공개키가 있다. 비트코인의 경우 개인키는 보통 5로 시작한다. 아래의 예시를 보자.

5Jf6RqddSCYE9kW5kvVPLEu4vX6h4X7hKnqN3qk5PRxrUQc5gRd

※ 주의: 호기심에라도 위 개인키를 사용해서는 안 된다. 심각한 보안 위험이 있다.

블록체인에서는 개인키를 가지고 있으면 그에 대응하는 공개키

[그림 11] 개인키와 공개키

Uncompressed

Address

14ARrCebpho98nEG69cEYC6f8GonCZzKrU

Public Key (hex)

0478df5e322ae907ec58473bf34f2465e413907bbc758c03d932e56948d393ae71c4d09371c717e5e9a56ea4324255c206a0d81b37e2ecf433d1cd4d

Private Key (WIF)

5Jf6RqddSCYE9kW5kvVPLEu4vX6h4X7hKnqN3qk5PRxrUQc5gRd

Private Key (BIP38)

https://iancoleman.io/bitcoin-key-compression/

를 만들 수 있다. 그러나 그 반대는 성립하지 않는다. 공개키를 알고 있다고 해서 개인키를 유추할 수는 없다. 그러므로 개인키가 블록체인에서 가장 중요한 요소라고 하겠다. 한마디로 공개키는 누구나 알 수 있는 정보지만 개인키는 오직 나만 알고 있어야 하는 것이다.

그러나 현실적인 문제가 있다. 하나의 개인키를 알고 있으면 하나의 공개키(주소)만 갖게 되는데 이러면 익명성이나 보안 문제가 불거질 수 있다. 누군가 내 주소를 알아내서 내 거래 활동을 추적할 수도 있고, 다양한 해킹에 노출될 수도 있는 것이다. 하지만 그렇다고 해서 블록체인 지갑을 사용할 때마다 새로운 개인키를 일일이 만들어 사용하기에는 너무 불편하다.

그래서 나온 대안이 HDHierarchical Deterministic(계층 결정적) 지갑

[그림12] HD 지갑의 기본 원리

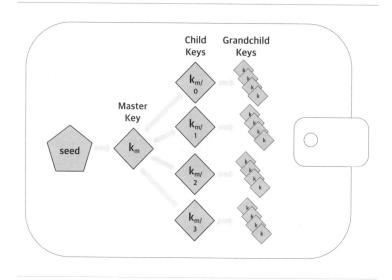

이다. 기술적으로 자세한 부분은 생략하고 기본적인 원리만 알아 보자. 사용자는 하나의 '마스터키'*만 알고 있으면 된다. 그러면 이 마스터키로부터 수많은 개인키가 파생되고, 거기에 상응하는 공 개키(주소)들이 만들어진다. 그러면 사용자는 언제든 원할 때 새로 운 주소를 사용할 수 있다.

그러나 아직 해결되지 않은 한 가지 문제가 남아 있다. 마스터 키와 같은 개인키는 임의의 문자로 구성되어 있기 때문에 외우기

---

*   개인키 중에서 다른 개인키를 파생시키는 용도로 만드는 키를 '마스터키'라고 한다.

가 어렵고 손으로 옮겨 쓸 때 불편하고 실수할 여지도 많다. 이해를 돕기 위해 앞에서 제시한 개인키 '5Jf6RqddSCYE9kW5kvVPL Eu4vX6h4X7hKnqN3qk5PRxrUQc5gRd'를 종이에 한번 옮겨 적어보자. 대소문자도 확실히 구분해야 한다. 어떤가? 아마 쉽지 않을 것이다.

　이를 해결하기 위해 만든 것이 니모닉Mnemonic 코드, 즉 시드단어를 사용하는 방식이다. 시드단어에서 쓰이는 단어들은 총 2,048개로 BIP-39Bitcoin Improvement Proposal(비트코인 개선 제안)라는 문서에 정의되어 있다.* 2,048은 2의 11제곱으로 컴퓨터 공학적으로 표현하면 '11비트Bit'다. 따라서 시드단어 하나는 2,048분의 1 확률을 갖는 임의의 수라고 이해할 수 있다. 그러면 시드단어 12개를 조합하면 어떻게 될까? 2,048분의 1이 12번 반복되므로 2의 11제곱을 12번 곱한 수, 즉 2의 132제곱분의 1이 된다. 혹은 '132비트'라고 표현할 수도 있다. 보안 측면에서 충분히 안전하다고 간주되는 수준이 128비트인데 12개 시드단어는 132비트이기 때문에 12개 단어만 있으면 꽤나 안전한 지갑을 만들 수 있다. 게다가 12개 단어는 옮겨 적기에도 그리 어렵지 않고 조금만 노력하면 외울 수도 있다는 장점이 있다.

---

*　https://github.com/bitcoin/bips/blob/master/bip-0039/english.txt

지갑이 우연히 겹칠 확률이 있을까?

어떤 사람들은 블록체인 지갑이 정말로 안전한지 의심하곤 한다. 누군가가 임의의 단어를 조합해서 지갑을 만들다가 우연히 내 지갑과 같은 지갑이 만들어져 내 돈을 사용할 수도 있지 않느냐는 주장이다. 사실 틀린 말은 아니다. '확률적'으로는 가능하다. 다만 그 확률이 아주 낮을 뿐이다.

시드단어를 12개 사용하면 128비트, 24개를 사용하면 256비트의 보안 수준을 갖는다.* 1비트는 0과 1로 이루어져 있기 때문에 128비트는 0 또는 1로 된 128자리 글자라고 보면 된다. 한 글자마다 2분의 1의 확률이기 때문에 시드단어 12개로 만든 128비트 보안 수준의 지갑이 우연히 겹칠 확률은 2의 128제곱분의 1이다. 이것을 십진법으로 바꾸면 3.4×10^{38}, 정확히는 340,282,366,920,938,463,463,374,607,431,768,211,456이다. 이는 1경을 제곱한 다음에 340만을 곱한 정도의 큰 수다. 만약 시드단어를 24개 쓴다면 1.15×10^{77}인데, 우주 전체에 있는 원자의 개수가 10^{82}개 정도이

---

* 12개 시드단어로 확보할 수 있는 경우의 수는 132비트가 되지만 암호 기술에서 쓰이는 단위는 128, 256, 512와 같은 이진수 체계이기 때문에 실제로 적용되는 비트는 132비트보다 작은 128비트가 된다. 마찬가지로 24개 시드단어를 사용했을 때는 264비트를 확보할 수 있지만 실제로는 256비트가 적용된다.

니 충분히 천문학적인 크기라 할 수 있다. 다시 말해 24개 시드단어를 쓴 지갑이 우연히 겹칠 확률은 우리가 우주에서 아무 원자 하나를 임의로 집었는데 그게 우연히도 특정한 원자 10만 개 중 하나일 확률과 같다. 작은 바이러스가 원자 2만 개 정도라고 하니 온 우주 대 바이러스 입자 몇 개 정도로 희박한 확률이다.

차라리 지갑이 겹칠 가능성보다는 벼락에 맞아 세상을 등질 가능성을 걱정하는 게 현실적이다. 벼락에 맞아 죽을 확률이 15만분의 1 정도로 지갑이 겹칠 확률보다 수십경 배 이상 크기 때문이다. 긍정적인 쪽으로 접근하자면 11주 연속으로 로또 1등이 될 확률을 생각해도 된다. 로또 1등이 연속으로 11번 될 확률은 10의 76제곱분의 1로, 시드단어 24개짜리 지갑이 우연히 겹칠 확률보다 10배 정도 높기 때문이다.

▏가장 중요한 것은 지갑이 아닌 열쇠

기본적인 내용을 마쳤으니 이제는 지갑이라는 개념에 대해 더 정확하게 짚고 넘어가 보자. 지갑의 핵심을 꿰뚫는 한 가지 질문을 던지며 시작해보겠다. "지갑 프로그램이 설치된 컴퓨터를 압수하면 지갑에 든 비트코인도 압수한 것일까?"

우리가 일상에서 쓰는 지갑 개념을 그대로 적용한다면 지갑을 압수하면 그 안에 들어 있는 돈도 자연스럽게 함께 압수되는 게 맞다. 그러나 블록체인에서는 조금 다른 상황이 펼쳐진다.

블록체인의 지갑 개념을 정확하게 이해하기 위해서는 우리 주머니 속에 든 지갑 대신 다른 비유가 필요하다. 지하철이나 놀이공원에서 흔히 볼 수 있는 물품 보관함을 생각하면 쉽다. 인터넷이라는 거대한 공공장소에 어떤 물품 보관함이 있다고 상상해보자. 이 물품 보관함은 전 세계 사람이 인터넷망을 통해 접근할 수 있다. 각 사물함 표면에는 1A1zP1eP5QGefi2DMPTfTL5SLmv7DivfNa와 같은 사물함 번호가 붙어 있다. 그리고 그 안에는 비트코인과 같은 블록체인 토큰을 보관할 수 있다.

이 물품 보관함의 주인은 당연히 열쇠를 가지고 있는 사람일 것이다. 열쇠를 가지고 있으면 물품 보관함에서 코인을 꺼내 다른 물품 보관함으로 옮길 수 있다. 참고로 다른 물품 보관함에 코인을 넣을 때에는 열쇠가 필요 없다. 우체통에 편지를 넣는 경우와 비슷하다. 어쨌든 열쇠가 없다면 물품 보관함 안에 들어 있는 코인을 건드릴 수조차 없다. 여기에서 말하는 열쇠가 바로 앞에서 설명한 시드단어(정확히는 시드단어에서 파생된 개인키)다.

이 개인키는 물리적인 열쇠가 아니라 디지털 정보이기 때문에 여러 개로 복제될 수도 있고 머릿속으로 외울 수도 있다. 하지만 매번 개인키를 종이에 받아적기도 힘들고, 외우고 다니기는 더더욱 힘들다. 그래서 블록체인 개발자들은 개인키들을 편리하게 만들고 보관할 수 있는 지갑 프로그램을 만들었다. 그러니까 지금 우리 컴퓨터 안에 설치되어 있는 지갑 프로그램은 엄밀히 말하면 인터넷 물품 보관함의 열쇠를 관리하는 '개인키 관리자'인 것이다.

그러나 개인키라는 열쇠를 가지고 있더라도 이를 사용하기 위해서는 블록체인에서 정한 수학적인 규칙을 따라야 한다. 우리의 손과 머리를 사용해서 수동으로 처리할 수도 있겠지만 그러기엔 과정이 다소 복잡하기 때문에 지갑 프로그램이 이를 대신해준다. 이러한 측면에서 지갑 프로그램은 '개인키 사용 도우미' 역할을 한다고도 볼 수 있다.

또한 지갑 프로그램은 블록체인이라고 하는 인터넷 상에 있는 글로벌 물품 보관함과 그 물품 보관함을 사용하는 개인키를 가진 사람들을 연결해주는 통로 역할을 한다고도 볼 수 있다. 내 물품 보관함에 접근하기 위해 지갑 프로그램 A를 사용할 수도 있고, B를 사용할 수도 있고, 아니면 내가 직접 만든 프로그램을 사용할 수도 있다.

이제 앞의 질문으로 돌아가 보자. 지갑 프로그램이 든 컴퓨터를 압수하면 지갑에 든 비트코인도 압수했다고 할 수 있을까? 답은 '아니오'이다. 지갑 프로그램이 든 컴퓨터를 압수했다는 의미는 정확하게 말하면 지갑 프로그램이 관리하고 있는 개인키들을 압수했다는 뜻이다. 그러나 이 개인키들은 비트코인이 든 물품 보관함에 접근하는 열쇠일 뿐 비트코인 자체는 아니다. 여기서 간과하기 쉬운 사실은 이 개인키라는 열쇠는 복제나 암기가 가능하기에 여러 개가 존재할 수 있다는 점이다. 즉 컴퓨터나 지갑 프로그램을 압수하더라도, 당사자나 어떤 누군가가 그 개인키 복제본을 가지고 있거나 외우고 있다면 다른 지갑 프로그램을 사용해서 대상이 된 비트코인을 빼낼 수 있다. 믿기지 않는다면 앞에서 만든 일렉트럼 지갑을 다른 컴퓨터에서 만들어보자. 단, 지갑 종류 설정에서 'Create new seed' 대신 'I already have a seed'를 선택하고, 기존에 가지고 있는 시드단어를 입력하면 된다. 그러면 이전에 만든 지갑과 동일한 주소의 지갑이 만들어질 것이다. 따라서 완벽하게 비트코인을 압수하려면 압수 대상이 된 비트코인에 대한 개인키를 모두 확보한 다음, 그 비트코인을 자신이 관리하는 주소로 보내야 한다.

개인키를 가장 안전하게 지키는 방법

이런 이유로 개인키의 중요성은 아무리 강조해도 지나치지 않다. 개인키는 은행이 은행금고 열쇠를 관리하는 것처럼 관리해야 한다. 그러나 보안은 일반인들에게 익숙지 않은 영역이기 때문에 해킹을 당하는 일이 종종 발생한다. 그렇다면 어떻게 개인키를 안전하게 관리할 수 있을까? 몇 가지 중요한 원칙이 있다.

어떤 상황에서도 개인키나 시드단어를 공유하지 않는다

나는 학생들과 지갑 만들기 수업을 할 때 이 방법을 많이 사용한다. 시드단어 옮겨 적기를 도와준다는 명분으로 시드단어를 몰래 적어두고, 지갑이 만들어진 다음에 '지갑 만드느라 수고했다'며 학생에게 소량의 비트코인을 보낸다. 그다음에 이전에 적어두었던 시드단어로 학생 지갑과 동일한 지갑을 내 컴퓨터에 만들고 다시 내 지갑으로 비트코인을 전송한다. 학생 입장에서는 상으로 받은 비트코인이 눈 깜짝할 사이에 사라져버리니 어안이 벙벙할 수밖에 없다. 그러면 이 소소한 해킹 과정을 학생들에게 알려주고 개인키 노출이 얼마나 위험한지 상기시켜준다. 물론 놀란 학생에게는 작은 기프티콘으로 위로를 해준다.

너무 뻔한 수법이라고 생각할 수 있지만, 실제 이런 식으로 개인키를 공유하면서 발생하는 해킹 사례는 매우 흔하다. 가장 일반적인 수법은 블록체인 서비스에 문제가 생겼을 때 이를 해결해준다며 접근해오는 사람이 개인키나 시드단어를 요구하는 것이다.

사람들은 대개 프로젝트 팀 사람이 물어보니 괜찮겠다고 생각하고 정보를 알려주지만, 사실 우리에게 접근해오는 사람은 회사 관계자가 아닌 회사를 사칭한 해커들이다.

지인이 개인키나 시드단어를 물어보는 경우도 있다. 암호화폐에 대해 잘 모르는 상태에서 도움을 준다고 속여 개인키를 빼내는 경우가 여기에 해당한다. 블록체인에서는 누가 어디로 어떤 것을 옮겼는지 확인할 수 없기 때문에 심증만 있고 물증은 없는 상황이 발생한다. 만약 양심적이고 정직한 지인이라면 개인키나 시드단어를 물어보는 일이 없으며, 만약 개인키나 시드단어가 필요한 경우(예: 지갑 복구 등)에는 시드단어가 나오는 화면이 안 보이는 곳으로 자리를 피했다가 사용을 마친 다음에 돌아오는 식으로 여러분의 개인키를 보호해줄 것이다.

어쨌든 이것 하나만 기억하면 된다. 개인키나 시드단어는 어떤 상황에서도 절대로 타인에게 알려주어선 안 된다. 어떠한 상황에서든 개인키나 시드단어를 물어본다면 그 사람은 도둑이다.

디지털 매체에 저장하지 않는다

시드단어 관리는 귀찮다. 지갑을 만들 때마다 매번 24개 단어를 받아 적는 일도 번거롭고, 이걸 보관하는 일도 만만찮다. 그래서 어떤 사람들은 시드단어를 텍스트, 워드, 한글 파일로 저장하기도 한다. 조금 신경을 쓴다고 USB에 저장하는 경우도 있다. 이메일로 보내거나 클라우드 저장소에 보관하기도 한다. 그러나 모두 개인키 관리 측면에서 매우 위험한 행동들이다.

아이러니하게도 디지털 자산은 디지털이 아닌 방식으로 보호하는 것이 비교적 안전하다. 그래서 개인키나 시드단어는 원칙적으로 디지털 매체에 저장하지 않는 것이 가장 좋다. 우리가 사용하는 노트북, 핸드폰, 이메일, 클라우드 저장소 등은 생각보다 쉽게 해킹을 당할 수 있다. 특히 암호화폐를 가지고 있다는 사실이 인터넷에 알려진 순간 당신은 해킹의 주요 대상이 될 수 있다. 실제로 집에서 비트코인이나 이더리움 등의 블록체인 지갑 프로그램을 사용하면 해외에서 내 컴퓨터로 접속하려는 시도가 종종 발견되곤 한다. 비록 드물지만 프린트하는 과정에서도 해킹이 발생할 수 있으므로, 가능한 한 개인키나 시드단어는 손글씨로 종이에 직접 기록하는 것이 좋다.

손상이나 유출에 대비한다

시드단어를 종이에 적어 보관하면 두 가지 문제에 부딪힐 수 있다. 하나는 시드단어를 적은 종이가 손상되는 경우다. 집에 불이 나거나, 커피를 쏟거나, 심지어는 강아지나 고양이 같은 반려동물이 찢어놓는 일도 생긴다.

이런 상황에 대비하기 위한 해결책은 우리 선조들의 지혜에서 찾을 수 있다. 조선 초기, 선조들은《조선왕조실록》을 천재지변이나 파손에서 보호하기 위해 (지금의) 서울, 충청도 충주, 경상도 성주, 전라도 전주의 네 곳에 동일한 사본을 보관했다. 임진왜란이 발생했을 때 서울, 충주, 성주의 사고에 보관된 실록은 모두 소실되었지만, 전주 사고의 실록은 손상을 피해 우리 세대에까지 전해졌다.

《조선왕조실록》을 여러 사고에 나누어 보관한 것처럼, 우리도 개인키나 시드단어를 기록한 종이의 손상에 대비해 최소 2부 이상의 동일한 사본을 만들어두어야 한다. 그리고 각각을 물리적으로 떨어진 곳에 보관해야 한다. 예를 들어 하나는 집에 있는 금고에, 하나는 서울의 은행 대여금고에, 그리고 다른 하나는 제주도의 은행 대여금고에 보관하는 식이다. 이렇게 하면 집에 불이 나더라도 은행에서 시드단어가 기록된 종이를 찾아 복구할 수 있고, 만약 전쟁이 발생하여 서울 은행이 파괴되더라도 제주도에 가서 복구할 수 있다. 얼마나 분리된 물리적 공간에 얼마나 많은 사본을 보관할지는 각자의 선택에 달려 있다.

그러나 사본이 많아질수록 그만큼 유출 가능성도 높아진다. 따라서 시드단어를 적은 종이가 유출되더라도 피해를 최소화할 방안이 필요하다. 한 가지 방법은 시드단어를 분리하여 보관하는 것이다. 예를 들어 앞 12개의 단어는 서울 A은행과 충주 B은행에, 뒤 12개의 단어는 서울 C은행과 성주 D은행에 보관하는 식이다. 이렇게 하면, 서울 A, C은행에서 종이를 찾아 복구하거나, 충주와 성주의 B, D은행을 방문하거나, 서울의 한 은행과 지방의 한 은행을 방문하여 온전한 시드단어를 복구할 수 있다.

다른 방법은 시드단어 중 일부를 종이에 기록하지 않고 외우는 것이다. 네 단어 정도는 암기하고, 나머지만 종이에 기록해 보관한다. 이렇게 하면 시드단어를 적은 종이가 유출되더라도 해커는 최대 17조 번의 시도를 해야 내 지갑을 해킹할 수 있고, 이는 대략 2년 정도의 시간이 소요된다. 종이가 유출된 것을 인지하고 지갑의 자산을 다른 곳으로 옮기기에 충분한 시간이다.

마지막으로 제안하는 방법은 시드단어의 순서를 일부 또는 전부 바꾸는 것이다. 물론, 정확한 순서는 따로 기록하여 안전하게 보관하거나 외워두어야 한다. 이런 방법만으로도 시드단어가 기록된 종이의 유출에 상당히 잘 대비할 수 있다.

해킹 피해를 줄여주는 하드웨어 지갑

일반 사용자가 암호화폐를 안전하게 보관하기 위한 가장 효과적인 방법은 하드웨어 지갑을 사용하는 것이다. 하드웨어 지갑은 소프트웨어로 구현된 지갑을 별도의 USB 크기만 한 기기로 만든 것으로, 일종의 미니 컴퓨터라고 볼 수 있다. 그렇다면 하드웨어 지갑은 어떤 역할을 하는지 살펴보자.

첫째로, 하드웨어 지갑은 개인키를 안전하게 보관하는 역할을 한다. 사용자가 노트북에 지갑 프로그램을 설치해 개인키를 보관하거나 USB에 개인키를 저장할 경우, 생각보다 자주 해킹 피해를 입게 된다. 대부분의 해킹은 지갑 프로그램 자체가 아니라 사용자가 사용하고 있는 컴퓨터나 운영체제의 보안 취약성 때문에 발생한다. 사용자가 업무 중 필요한 프로그램을 인터넷에서 다운로드받을 때 그 프로그램에 해킹 도구가 포함되어 있을 수 있다. 또한 광고를 잘못 클릭해 해킹 사이트에 접속하거나, 무심코 클릭한 이메일에 해킹 스크립트가 포함되어 있을 수도 있다. 심지어는 운영체제 자체의 결함으로 인해 해킹 피해를 입을 수도 있다. 이런 경우 컴퓨터에 저장되어 있거나 USB에 보관된 개인키는 해커에게 쉽게 노출되어, 해커는 사용자의 코인을 쉽게 탈취할 수 있게 된다.

그러나 하드웨어 지갑에 저장된 개인키는 외부로 유출되지 않도록 기술적인 방식으로 보호된다. 개인키를 암호화하여 보관하는 것은 기본이며, 특수한 보안칩을 사용해 지갑 내부에 저장된

[그림 13] 하드웨어 지갑을 이용한 전송 과정

2. 서명

1. 서명되지 않은 명령문 전달

4. 서명된 명령문 전송

3. 서명된 명령문 반환

개인키의 유출을 막는다. 만일 기기를 훔쳐서 물리적으로 해킹을 시도하면 정보가 자동으로 파기되도록 설계되어 있다. 또한 지갑을 사용하지 않을 때에는 개인키가 인터넷 환경에 노출되지 않으므로 해킹 위험도 크게 줄어든다.

하드웨어 지갑의 두 번째 역할은 블록체인 네트워크에 전달되는 명령을 안전하게 처리하는 것이다. 이 과정을 '서명'이라고 한다. 예를 들어 지인 A에게 100개의 코인을 보내려면 "내 계좌의 코인 100개를 A에게 보내라"는 명령문을 작성하고, 이 명령문에 '개인키'라는 도장을 찍은 후 블록체인 네트워크에 도장이 찍힌 명령문을 전달해야 한다. 이러한 과정을 개인 컴퓨터에서 처리하려면 개인키라는 도장을 컴퓨터에 불러와야 하고, 만약 이때 컴퓨터가 해커에게 노출되어 있다면 개인키가 탈취당할 위험이 있다.

그러나 하드웨어 지갑을 사용하면 개인 컴퓨터에서 명령문을 작성한 후 하드웨어 지갑으로 보내고 기기 내부에서 개인키로 도장을 찍어 돌려준다. 이후, 검토를 통해 도장이 찍힌 명령문을 블록체인 네트워크로 보내기만 하면 된다. 이러한 방식으로 하드웨어 지갑을 사용하면 개인키가 노출되지 않는 안전한 보관 및 전송이 가능하다.

일반적으로 하드웨어 지갑의 가격은 약 10~20만 원 선이다. 그래서 모두에게 쉽게 추천하기 조금 어려운 점은 있다. 그러나 일반적으로 보유하고 있는 암호화폐의 가치가 1,000만 원을 넘어가면 하드웨어 지갑을 사용하는 것이 좋다. 총 자산의 약 1%를 투자하여 보안 위험을 99.99% 이상 줄일 수 있으므로 이는 절대 손해보는 결정이 아니다.

보안은 모자란 것보다 과한 것이 낫다

이외에도 개인 지갑을 가지고 있는 사람들에게 이야기해줄 유용한 팁이 몇 가지 있다. 첫 번째는 지갑 전용 컴퓨터를 따로 사용하는 것이다. 웹 서핑, 문서 작성, 게임 등 다양한 용도로 컴퓨터를 사용하면 해킹에 노출될 위험이 증가한다. 그래서 가능하다면 지갑을 관리하는 컴퓨터에는 지갑 프로그램과 기본적인 백신 프로그램 정도만 설치해 사용하는 것이 훨씬 안전하다.

두 번째로 윈도우를 사용한다면 평판이 좋은 유료 백신을 사용하길 권장한다. 충분히 좋은 무료 백신도 있지만 유료 백신이 보안 측면에서 더 우수한 성능을 제공한다. 일반적으로 1년에 몇 만 원 정도의 비용이 드는데, 개인 지갑에 많은 금액을 보관하고 있는 사람이라면 이 정도의 비용을 아까워할 필요가 없다.

마지막으로, 지갑이 설치된 컴퓨터는 사용하지 않을 때 무조건 끄거나 인터넷 연결을 끊어야 한다. 인터넷에 항상 연결되어 있다는 것은 해커가 언제든지 내 컴퓨터에 접근할 수 있다는 의미다. 그만큼 해킹 위험도 높아진다. 필요한 때에만 컴퓨터를 인터넷에 연결하면 해커에게 컴퓨터가 노출될 위험을 줄일 수 있다.

보안에 대한 주의는 아무리 강조해도 지나침이 없다. 약간의 귀찮음과 번거로움을 감수하더라도 이러한 작은, 그러나 중요한 습관들이 결국은 당신의 귀중한 자산을 지키는 데 큰 도움이 될 것이다.

Chapter 04

블록체인 이해하기: 채굴

 블록체인의 역사는 시작부터 채굴Mining과 함께 해 왔다. 2009년 첫 블록체인인 비트코인이 탄생했을 때 사토시 나카모토가 한 일이 바로 채굴이었다. 우리가 보통 채굴이라고 부르는 이 행위는 정확하게 말하면 '작업증명'이라고 표현된다. 여기서 작업이란 컴퓨터의 계산 노동을 의미한다. 작업증명 블록체인 네트워크에서는 참여하는 사람들이 컴퓨터 계산 노동을 하고, 이를 다른 사람들에게 증명하는 방식으로 네트워크 조직과 운영이 이루어진다.

지금 블록체인을 접하는 대부분의 일반인들에게 채굴은 조금은 먼 이야기로 들릴 것이다. 그러나 채굴의 중요성은 아무리 강조해도 지나침이 없다. 이는 단지 채굴이 블록체인의 원초적 형태라서가 아니다. 그보다는 채굴 과정을 통해 블록체인의 근본적인 가치와 원리에 대해 깊이 있게 고민하게 되며, 분산화된 네트워크가 블록체인 서비스 뒤편에서 어떻게 작동하는지 이해하게 되는 기회를 제공하기 때문이다. 그래서 채굴을 경험한 사람은 그렇지 않은 사람보다 자연스럽게 블록체인에 대한 보다 깊은 이해를 가지게 되고, 채굴 과정이 없는 다른 블록체인을 더욱 빠르게 이해하고 습득하는 능력을 얻게 된다.

어떻게 디지털 자산에 가치를 부여할 것인가

채굴을 경험해본 사람들이 공통적으로 기억하는 순간이 있다. 바로 채굴한 코인을 거래소에서 매도해 자신의 계좌에 현금이 입금되는 순간이다. 이때 다양한 의문이 머릿속을 맴돈다. "어떻게 코인이 현금으로 바뀌었을까?"라든가 "이 돈은 어디에서 온 것일까?" 같은 생각들이다. 돈을 지불하고 구매한 것도 아닌데 코인이 생겼고, 돈을 내고 구매한 코인이 아닌데도 팔 수 있다는 사실에 누구나 비슷한 의문을 가질 것이다. 그럼에도 불구하고 채굴이라는 아직 완전히 이해하지 못한 과정을 통해 수익을 얻었다는 사실만은 변함이 없다. "와우!"라는 감탄사가 절로 나오는 놀라운 순간이다.

그렇다면 채굴된 코인은 어떻게 가치를 가지게 되고 판매될 수 있는 것일까? 가장 간단한 대답은 '누군가가 그것을 구매하기 때문'이다. 그렇다면 왜, 어떤 이유로 사람들은 코인을 구매할까? 그 이유는 다양하다. 어떤 사람은 단순히 시세차익을 노리고 코인을 구매하며, 또 다른 사람은 그것이 가치를 가진다는 믿음으로 코인을 구매한다. 그렇다면 채굴된 코인은 어떤 가치를 가질까?

우리는 '채굴'이라는 단어가 주는 이미지 때문에 종종 잘못된 선입견을 갖곤 한다. 많은 사람들이 무언가 귀한 것(코인)이 묻혀 있고, 채굴이라는 과정을 통해 코인을 파낸다고 생각하는데, 이는 전적으로 틀린 말은 아니지만 정확하다고 할 수는 없다. 무언가 파낸다는 이미지는 노동(작업)이라는 채굴의 개념을 잘 반영하고는 있지만 가치 부여의 측면에서는 다소 거리감이 있다. 오히려 코인의 가치는 이미 정해져 있고 채굴은 의미 없는, 운에 의존하는 행위라는 오해를 불러일으킬 수 있다.

개념적으로 보면 채굴은 그 자체로 '가치 부여 과정'이다. 채굴이라는 과정을 통해 디지털 노동은 디지털 가치로 전환된다. 여기서 디지털 노동이란 CPU 등과 같은 컴퓨터 연산 프로세서와 전기 에너지를 사용하는 작업을 의미한다. 〈비트코인 백서〉에는 이런 구절이 나온다. "이 경우에는 CPU 시간(사용률)과 전기가 소모된다In our case, it is CPU time and electricity that is expended." 이 문구는 사토시 나카모토가 비트코인이 만들어지는 데 들어가는 두 가지 요소인 '전기'와 'CPU'를 정확하게 인지하고 있음을 보여준다. 이 중 CPU는 장비의 형태로 투입되고, 전기 에너지는 계속해서 소비된다. 따라서 간략하게 말하면 채굴은 에너지를 디지털 노동이라는 형태로 변환하고 궁극적으로는 디지털 가치로 바꾸는 과정이라고 할 수 있다.

또한 채굴은 디지털 소유권의 기반이 된다. 영국의 사상가 존 로크는 재산권 개념을 제시하면서 개인의 노동이 자연에 존재하는 대상과 결합됨으로써 사유재산이 형성된다고 주장했다. 주인 없는 들판에 사과나무가 하나 있다고 하자. 그 나무에 달린 사과는 자연이 만들어낸 순수한 자연물이므로 그 누구의 소유도 아니다. 하지만 누군가가 나무를 기어올라가는 수고를 해서 나무에 달린 사과를 딴다면, 그 사과는 단순한 자연물이 아니라 그 사람의 노동력이 결합된 자연물이 되어 그 사람의 소유가 될 수 있다.

로크의 재산권 이론 이후 300여 년이 지난 지금, 우리는 블록체인에 기반한 디지털 가치 시대를 맞이하게 되었다. 그리고 채굴은 디지털 가치를 가장 직접적이고 투명하게 만드는 방법이다. 우

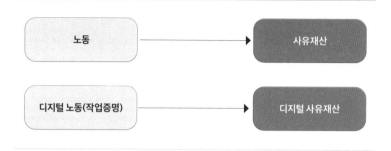
[그림14] 디지털 노동을 통해 가치가 부여되는 암호화폐

리가 수행한 '디지털 노동'을 증명함으로써 블록체인 네트워크로부터 '토큰'이라는 보상을 받고, 우리가 디지털 노동에 투입한 비용으로 인해 블록체인 토큰은 그 가치를 부여받을 수 있게 되는 것이다. 채굴은 언뜻 보면 가장 아날로그적인 방식이지만 그 깊이와 중요성은 여전하다.

채굴의 원리: 경쟁, 전파, 합의

채굴은 일반적으로 생각하는 것보다 훨씬 단순한 과정이다. 기본적인 개념은 초등학교 고학년 정도면 충분히 이해할 수 있고, 조금 더 복잡한 과정까지 이해한다고 해도 고등학생 정도의 지적 수준이면 충분하다.

많은 사람들이 채굴을 '어려운 수학 문제를 푸는 것'이라고 생각하는데 이는 대표적인 오해다. 실제로 채굴은 랜덤 뽑기에 더 가깝다. 단지 앞서 언급한 해시라는 개념이 채굴에 포함되어 있어서 복잡한 계산 과정이 필요하다는 착각을 일으키는 것뿐이다.

채굴은 경쟁, 전파 및 검증, 합의의 세 단계로 나눌 수 있다. 먼저 경쟁 단계를 살펴보자.

경쟁: 특정 값 이하의 해시 찾기

경쟁 단계에서는 채굴자들이 블록체인에서 제시한 특정한 조건을 만족시키기 위해 서로 경쟁적으로 특정 작업을 수행한다. 이 과정에서 중요한 두 가지 요소는 바로 '조건'과 '작업'이다.

이해를 돕기 위해, 블록체인 채굴은 아니지만 가상의 채굴 환경을 설정해보자. 그리고 작업을 '두 개의 주사위 던지기'로 정의하고, 조건을 '두 주사위의 눈이 모두 1이 나오는 것'으로 설정해보자. 시작 신호가 울리면 참여자들은 두 개의 주사위를 눈이 모두 1이 나올 때까지 반복적으로 굴릴 것이다. 이때 확률은 36분의 1이므로, 각 참가자는 평균적으로 36번 주사위를 굴려야 조건을 만족시킬 수 있다.

그러나 문제는 자신 이외의 다른 사람들도 주사위를 굴리고 있다는 점이다. 참가자가 6명이라면 각 참가자가 평균적으로 6번 주사위를 굴릴 때, 주사위를 굴린 총 횟수가 36번이 되어 두 주사위의 눈이 모두 1이 나오는 확률에 도달할 가능성이 커진다. 이러한 환경에서는 더 빠르게 주사위를 굴리는 것이 유리하다. 내가 주사위를 느리게 굴리면 다른 사람이 나보다 더 빨리 주사위를 굴려 조건을 만족시킬 가능성이 있기 때문이다. 만약 가능하다면 양손에 각각 두 개의 주사위를 들고 동시에 굴리는 것이 두 배로 유리하다. 이처럼 주사위를 굴리는 작업에서 경쟁이 발생한다.

비트코인의 경우, 채굴 과정에서 '조건'은 특정 값 이하의 해시를 찾는 것이다. 조금 더 쉽게 설명하면, 해시의 맨 앞부분에 0이 연속적으로 특정 개수 이상 나오는 값을 찾는 것이다. 비트코인 체인의 첫 번째 블록 해시에는 0이 연속해서 10개가 있다. 해시는 16진수로 표현되기 때문에, 확률적으로 계산해보면 16의 10제곱, 즉 약 1조분의 1의 확률이 된다. 해시는 랜덤하게 생성되므로, 이런 해시를 만들기 위해서는 평균적으로 1조 번의 해시 생성을 시도해야 한다.

비트코인 첫 번째 블록의 해시:
000000000019d6689c085ae165831e934ff763ae46a2a6c172b3f1b60a8ce26f

해시 생성 과정이 궁금하다면 https://emn178.github.io/online-tools/sha256.html에서 직접 실험을 해볼 수 있다. 아무 문자나 숫자를 입력하여, 맨 앞에 0이 연속해서 세 개 나오는 해시를 찾아보자. 확률은 대략 2,000분의 1이므로, 여러분이 특별히 운이 좋지 않다면 상당한 시간이 소요될 것이다.

그러나 이러한 작업에는 보상이 따르기 때문에 비트코인 채굴자들은 점차 더 효율적인 채굴기를 개발하고(즉, 주사위를 빠르게 굴리는 방법), 더 많은 채굴기를 구입하게 된다(양손으로 주사위를 굴리는 방법). 2009년에는 해시를 초당 400만 번 생성했으나 이 수치는 2011년 초당 1조 번으로 증가했고, 2014년에는 초당 1경 번에 이르렀다. 2023년 5월 현재, 해시 생성은 초당 4.4해 번(440Exa)을 넘어선 상태다.

채굴 능력이 이처럼 비약적으로 증가하면 너무 빠르게 채굴이 이루어질 수 있다. 이를 방지하기 위해 비트코인 시스템에서는 '난이도 조정'이라는 방식으로 채굴 속도를 조절한다. 주사위로 비유하자면, 굴려야 하는 주사위의 개수를 두 개에서 세 개로 늘린 것과 같다. 2009년에는 연속해서 0이 10개 나오는 해시였지만, 2022년에는 다음과 같이 연속해서 19개가 나오는 해시로 조건이 바뀌었다. 이는 확률로 따지면 약 700해분의 1이다. 이처럼 천문학적인 수치에도 불구하고, 채굴자들은 주어진 보상을 얻기 위해 비

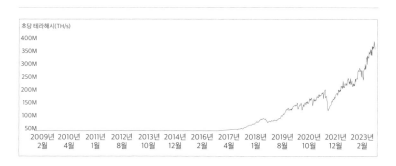

[그림 15] 채굴 능력의 비약적인 발전(2009~2023년)

출처: https://www.blockchain.com/explorer/charts/hash-rate

용과 노력을 들여 계속해서 경쟁을 벌이고 있다.

비트코인 79만 번째 블록의 해시:

0000000000000000000001ba9dc00c25c451516958a640a0c4c556a

291bbf9d63e

전파와 검증: 입력 데이터로 해시 생성해보기

경쟁에는 필연적으로 승자가 있다. 앞 단계에서 만족하는 조건을 찾은 채굴자는 자신의 결과를 다른 사람들에게 공개적으로 알린다. 이때 해시를 알릴 뿐 아니라 해시를 만들어낸 입력값도 함께 공유한다. 이렇게 해야 다른 채굴자들이 그 결과를 검증할 수 있기 때문이다. 앞에서 블록체인의 기술적 내용을 기억하고 있다면 입력값과 해시의 조합이 바로 블록체인의 '블록'임을 떠올릴 수 있을 것이다.

어떤 한 채굴자가 성공적으로 블록을 받으면 다른 채굴자들은 그 결과가 맞는지 확인하기 위해 검증 작업을 수행한다. 만약 오류가 있다면 그들에게는 다시 한번 기회가 주어지는 것이므로 검증은 매우 중요하다. 그러나 검증 과정은 생각보다 간단하다. 입력 데이터로 해시를 만들어보고, 그것이 받은 해시와 동일한지만 확인하면 된다. 해시 함수의 특성상, 해시값을 가지고 원래의 입력 데이터를 찾아내는 것은 불가능하지만, 원래의 입력 데이터가 있다면 해시를 쉽게 생성할 수 있기 때문이다.

실제로 확인이 필요하면 앞서 알려준 참고 사이트에 가서 '조재우00029'라고 입력해보자. 엔터키를 누르거나 띄어쓰기를 하지 않도록 주의해야 한다. 그러면 '0009899f86c612a795aaa7f2d37377be2105400b4aebd9d01da533c08bd1afe4'라는 세 개의 0으로 시작하는 해시값을 얻을 수 있을 것이다. 해시함수 방식만 동일하다면 '조재우00029'라는 입력 데이터는 언제나 위 해시를 만들어낸다.

이렇게 검증이 완료되면 그들은 받은 것과 동일한 블록 정보를 다른 채굴자들에게 전파한다. 이 과정이 반복되어 전 세계에 있는 블록체인 네트워크에 새로운 블록이 성공적으로 채굴되었다는 정보가 전달되고 검증된다. 이 작업이 완료되면 다음 단계로 넘어가게 된다.

합의: 정해진 기준에 부합하는지 판단하기

채굴의 마지막 단계는 여러 채굴자들이 정해진 기준에 부합하는 블록체인에 대해 합의하는 것이다. 이러한 과정이 대체 왜 필요한지 궁금한 사람들을 위해 간단히 설명해보자면 이렇다. 블록체인의 채굴자들은 전 세계에 분포해 있기 때문에 채굴에 관한 정보가 전파되는 데에 상당한 시간이 소요될 수 있으며, 때로는 동시에 채굴이 이루어지기도 한다. 그래서 정당한 권한을 갖춘 블록이 동시에 다수 발생할 경우, 어느 블록체인을 적통으로 인정할지 결정해야 하는 상황이 발생한다.

작업증명에서는 대체로 가장 많은(또는 긴) 블록을 가진 블록체인을 가장 적합한 블록체인으로 인정한다. 가장 많은 블록을 보유하고 있다는 것은 가장 많은 디지털 노동력이 투입되었다는 의미이며, 동시에 가장 많은 비용이 소요되었다는 의미이기도 하다. 노력과 돈은 거짓말을 하지 않는다는 인생의 진리가 채굴에도 적용되는 순간이다.

문제는 채산성

채굴에 대한 이론과는 별개로 실제 채굴 활동은 그리 어렵지 않다. 컴퓨터 공학이나 네트워크 지식이 없더라도 채굴기를 구입하거나 조립하여 잘 구성된 채굴 프로그램을 실행시키면 된다.

그러나 문제는 채산성이다. 충분한 채산성이 나오지 않는다 해도 개인적인 호기심으로 채굴을 한다면 별다른 문제가 되지 않겠지만, 적어도 손해는 보지 않는 채굴을 원하는 이들에게는 채산성 확인이 필수적이다. 지금 시점에서 CPU 채굴은 대부분 채산성이 없으며, GPU(그래픽 카드) 채굴은 이더리움이 채굴을 중단한 이후 겨우 채산성이 나오는 수준이고, ASIC과 같은 전용 채굴기에서만 채산성이 나온다. 특히 비트코인의 경우, 전용 채굴기가 아니면 수익을 내기 어렵다는 점을 기억해야 한다.

채산성을 계산해주는 사이트는 여러 곳이 있다. 그중 한 곳을 소개하자면 https://minerstat.com/hardware이다([그림 16]). 여기에서 자신이 가지고 있는 GPU를 클릭해보자. 그러면 채산성 순위별로 목록이 나오는데 중간에 있는 체크박스에서 'Coins'만 남기고 나머지는 해제하자. 추가로 'Electricity Cost'를 자신이 사용하는 전기요금 수준으로 조정하자. 일반 전기라면 킬로와트시당 0.1달러 정도가 적당하고 가정용이라면 누진요금을 고려해 보수

[그림 16] 나의 채산성 확인하기

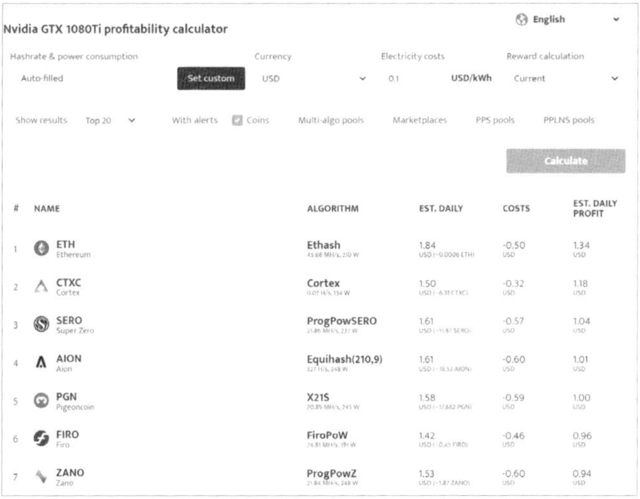

Nvidia GTX 1080Ti profitability calculator

출처 : https://minerstat.com/hardware/nvidia-gtx-1080ti

적으로 0.2달러 정도로 높여두자. 그리고 'Calculate' 버튼을 누르면 채산성 순서대로 채굴 가능한 코인을 확인할 수 있다.

이더리움ETH을 GeForce GTX 1080Ti로 채굴할 경우, 매일 채굴 수익은 1.84달러, 전기요금은 0.5달러로, 순수익은 매일 1.34달러로 계산됨을 알 수 있다. 채산성이 있다는 사실을 확인했다면 남은 일은 채굴 풀을 정하고, 채굴 프로그램을 설치한 후, 설정을 하고 실행하는 것이다. 이에 관해서는 여러 가지 방법들이 존재하고 시간이 지나면서 추천 프로그램이나 설정값이 조금씩 달라지기 때문에 인터넷에 올라온 정보를 참조하여 진행하기를 추천한다. 그리고 채굴기에서는 발열과 소음도 발생하니 채굴을 하는 곳의 환경도 함께 고려해야 한다.

이중지불과 51% 공격

블록체인을 공부하다 보면 '51% 공격'이라는 말을 한 번쯤은 접하게 된다. 보통은 블록체인 보안이 만능이 아니라는 이야기를 할 때 함께 나오는 용어다. 그렇다면 51% 공격이란 무엇이고 어떻게 발생할까?

채굴에 기반한 블록체인 네트워크는 한 가지 전제를 바탕으로 성립된다. 바로 '정직한 채굴자'가 다수라는 점이다. 사토시 나카모토가 〈비트코인 백서〉에서 "만약 대부분의 CPU 연산력이 정직한 노드(참여자)에 의해 통제된다면"이라고 언급했듯이, 블록체인은 다수의 채굴 연산력이 정직하게 행동할 때만 유지될 수 있다. 그러나 51% 공격은 이러한 전제를 깨는 상황이다. 과반수를 넘어서는 채굴 연산력이 악의적인 의도를 가지고 블록체인 네트워크에 참여할 경우, 블록체인의 보안과 신뢰성은 무너지게 된다.

대표적인 51% 공격은 '이중지불'이라는 형태로 이루어진다. 이

중지불이란 한마디로 특정 코인을 두 군데에 동시 전송하는 것이다. 블록체인은 기본적으로 복제Ctrl+C, V가 되지 않기 때문에 하나의 코인을 두 군데에서 동시에 사용하는 것이 불가능하다. 그러나 51% 공격을 하면 공격자는 코인이 복제되는 효과를 얻을 수 있고, 코인이 동시에 사용된 두 곳 중 하나는 나중에 블록체인이 정상화되었을 때 코인이 사라지는 피해를 입게 된다.

51% 공격으로 이중지불을 하기 위해서는 먼저 악의적인 공격자가 희생양이 될 블록체인의 채굴 연산력 총합보다 많은 연산력을 가지고 있어야 한다. 예를 들어 A블록체인의 총 연산력이 50TH/s*라면 공격자는 51TH/s 이상을 가지고 있어야 한다.

공격이 시작되는 시점에서 공격자는 A블록체인 채굴을 시작한다. 그러나 공개적으로 채굴을 하지 않고 내부적으로만 채굴을 한다. 일반적으로 이런 경우 내부적으로 채굴되는 블록체인은 많은 사람이 채굴하는 공개 네트워크보다 훨씬 느린 속도로 채굴된다. 앞에서 블록체인을 합의하는 규칙이 가장 많은 블록을 가진, 즉 '가장 긴' 블록체인이었기 때문에 내부적으로 채굴된 블록체인은 나중에 자연히 도태될 것이다. 그러나 51% 공격 상황에서는 이

---

* 초당 테라해시(TeraHashes per Second, TH/s)는 특히 암호화폐 채굴에서 성능 측정 단위로 사용된다. 이는 초당 해시 연산 수를 의미하며, 1TH/s는 초당 1조 해시 연산을 나타낸다.

러한 자연도태가 일어나지 않는다. 공격자가 전체 공개 네트워크보다 더 많은 채굴 연산력을 가지고 있어서 내부적으로 채굴하는 속도가 훨씬 더 빠르기 때문이다.

공격자는 자신이 몰래 채굴하고 있는 내부 블록체인이 더 빠르다는 사실을 확인한 뒤 직접적인 공격을 감행한다. 공개 블록체인 네트워크에서 A코인 100만 개를 거래소로 보내서 판매한 뒤 판매 대금 100억 원을 인출한다. 거래소에서 누군가는 A코인을 100만 개 샀고 그에 상응하는 현금을 공격자에게 지불했을 것이다. 하지만 공격자가 따로 채굴하고 있는 블록체인에서 A코인은 공격자의 지갑에 그대로 있다. 같은 A블록체인이지만 공개 네트워크에서는 A코인이 거래소로 이동했고, 공격자의 비밀 네트워크에서는 공격자의 지갑 안에 코인이 그대로 있는 상태다.

현금을 받은 뒤 공격자는 이제 숨겨놨던 내부 블록체인을 다른 모든 채굴자들에게 공개한다. 그러면 채굴자들은 가장 긴 블록체인을 선택하라는 합의 규칙에 따라 공격자의 블록체인을 선택하고 기존에 진행했던 블록체인 기록을 폐기하게 된다. 이때 폐기된 기록에는 공격자의 지갑에서 거래소로 A코인 100만 개가 전송된 내용도 포함되어 있다. 거래소 입장에서는 졸지에 코인 100만 개가 사라진 셈이고 거래소에서 그 코인을 산 사람들은 고스란히 피해를 떠안게 된다. 그러나 현금 인출은 블록체인 네트워

[그림 17] 블록체인 네트워크에서 이중지불이 되는 과정

(a) 모든 거래가 유효하게 간주되는 블록체인의 초기 상태

(b) 정직한 노드들이 블록을 추가해 올바른 체인을 진행시키는 동안(위) 공격자는 비밀리에 부정직한 체인을 채굴하기 시작함(아래)

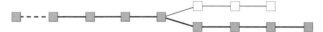

(c) 공격자가 부정직한 체인을 정직한 체인보다 더 길게 만드는 데 성공함

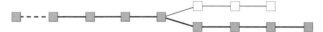

(d) 공격자의 체인이 공개되고 올바른 체인으로 간주됨

크에서 이루어지지 않았기 때문에 영향을 받지 않는다. 결과적으로 공격자는 A코인을 그대로 가지고 있으면서도 현금 100억 원을 추가로 얻게 되는 것이다.

그러나 51% 공격은 그렇게 쉽게 이루어지지 않는다. 51% 이상의 채굴 연산력을 확보하기 위해서는 그만큼 많은 비용이 필요하기 때문이다. 특히 많은 자원이 채굴에 투입되는 비트코인과 같은 블록체인에서는 51% 공격이 거의 불가능에 가깝다. 간략히 계산해보자. 현재 비트코인의 채굴 연산력(해시레이트)은 약 350EH/s[*]

이다. 이 수치는 최신형 채굴기 145만 대 분량에 해당하며, 채굴기 가격을 돈으로 환산하면 약 100~150억 달러 정도다. 이만큼의 자금이 있다고 해도, 가뜩이나 생산이 수요를 못 따라가는 채굴기를 원하는 대로 구입할 수 없는 상황이기에 비트코인에 대한 51% 공격은 현실적으로 불가능하다. 채굴기를 원하는 만큼 구매할 수 있다고 해도, 약 20조 원을 지불하여 그 이상의 이익을 얻기란 쉬운 일이 아니다. 만약 그 정도의 자금이 있다면 그 돈으로 편안하게 생활하는 것이 51% 공격을 한 뒤 수사기관에 쫓겨 다니는 것보다 더 현명한 선택일 것이다.

정작 위험성이 있는 것은 중소형 작업증명 블록체인들이다. 이러한 블록체인들은 상대적으로 적은 채굴 연산력이 투입되므로, 다른 블록체인에서 채굴하던 연산력을 활용하면 51% 공격이 가능하다. 예를 들어 2023년 6월 기준 비트코인SV$_{BitcoinSV}$의 채굴 해시레이트는 약 500PH/s**로, 같은 채굴 알고리즘을 사용하는 비트코인의 700분의 1 이하 수준이다. 따라서 비트코인을 채굴하는 채굴기 중 0.15%가 악의적인 의도로 비트코인SV를 공격한다면, 51% 공격을 성공시킬 수 있다.

---

*   초당 엑사해시(ExaHashes per second, EH/s). 1EH/s는 100만 TH/s를 의미한다.

**   초당 페타해시(PetaHashes per second). 1PH/s는 1,000TH/s를 의미한다.

[그림 18] 해시레이트에 따른 코인별 위험도 차이

Name	Symbol	Market Cap	Algorithm	Hash Rate	1h Attack Cost	NiceHash-able
Bitcoin	BTC	$733.16 B	SHA-256	213,990 PH/s	$1,462,556	0%
Ethereum	ETH	$340.41 B	Ethash	1 PH/s	$1,640,579	6%
Litecoin	LTC	$7.05 B	Scrypt	524 TH/s	$106,039	10%
BitcoinCash	BCH	$5.59 B	SHA-256	1,647 PH/s	$11,254	23%
Zcash	ZEC	$1.85 B	Equihash	11 GH/s	$17,273	5%
BitcoinSV	BSV	$1.44 B	SHA-256	410 PH/s	$2,802	91%
Dash	DASH	$998.04 M	X11	4 PH/s	$2,392	3%
BitcoinGold	BTG	$516.93 M	Zhash	2 MH/s	$1,041	18%

출처: https://www.crypto51.app/

여기에 상황을 악화시키는 요인이 하나 더 있다. 해시레이트 임대 서비스다. 대표적으로 나이스해시Nicehash라는 업체가 있는데, 이 서비스는 임대료를 받고 다른 채굴자가 가지고 있는 채굴 해시레이트를 활용하게 해준다. 덕분에 공격자는 51% 공격을 하기 위해 채굴기를 비싼 돈 주고 살 필요가 없고, 공격에 필요한 시간만큼만 저렴한 가격으로 해시를 임대하면 된다. [그림 18]에 잘 나와 있듯이, 비트코인SVBSV를 1시간 동안 51% 공격을 하는 데는 채굴 해시레이트 임대료 2,802달러만 있으면 된다. 이렇게 저렴한 비용으로 해킹이 가능한 블록체인은 굉장히 위험하다고 볼 수 있다.

일부 사람들은 임대 서비스의 이름을 따서 '나이스해시-어블Nicehash-able'이라는 용어로 그 위험도를 평가하기도 한다. [그림

18]에서도 비트코인SV의 나이스해시-어블 수치는 91%로 상당히 높다. 실제로 비트코인SV는 2021년 6월과 7월, 8월에 51% 공격을 받았다.

채굴과 환경 문제

51% 공격과 같은 내재적 문제 외에도 채굴은 에너지를 많이 소비한다는 외부적인 문제도 가지고 있다. 기후 변화가 중요한 글로벌 이슈로 다루어지고 있고 전 세계가 탄소 저감을 목표로 하고 있는 상황에서 에너지 집약적인 채굴 활동은 눈엣가시일 수밖에 없다.

캠브리지 비트코인 전력 소비 인덱스CBECI에 따르면 비트코인 채굴이 1년 동안 소비하는 에너지는 2022년 기준으로 대략 150테라와트시 정도다. 이는 전 세계 전력 소비의 약 0.6%이며, 이는 이집트가 2018년에 1년 동안 소비한 전력과 비슷한 수준이다.

그래서 비판론자들은 비트코인과 같은 작업증명에 기반한 블록체인을 도태시켜야 한다고 주장한다. 리플 공동 창업자는 비트코인 채굴 반대 캠페인에 수백만 달러를 기부하면서 "기후 변화 대신 코드를 바꾸자Change the code, not the climate"라는 슬로건을 내세

우기도 했다. 해석하자면 기후 변화를 일으키는 비트코인 코드를 작업증명에서 에너지 효율적인 방식으로 바꾸자는 말이다.

그러나 이러한 주장과 통계를 곧이곧대로 받아들이기에는 다소 무리가 있다. 먼저 과도한 에너지 소비를 비판할 때 에너지의 종류를 '전력'으로 한정한다는 점이 문제다. 전기 에너지는 전 세계 에너지 소비의 15% 정도만을 차지하고 있다. 나머지 85%는 가솔린, 가스, 석탄 등에 기반한 에너지 소비다. 전체 에너지 소비를 기준으로 하면 비트코인 채굴이 소비하는 에너지는 전 세계 에너지 소비의 0.1% 미만이다. 그러면 이집트가 아니라 그보다 에너지 소비가 훨씬 적은 짐바브웨와 비슷한 수준이 된다.

채굴에 소비되는 에너지원이 점차 신재생 에너지로 바뀌고 있다는 점도 주목할 만하다. 채산성에 가장 영향을 크게 주는 요인은 전기 에너지 단가인데, 그래서 채굴자들은 늘 저렴한 전기를 찾아 이동한다. 중국이 채굴을 금지하기 전까지 가장 안정적이고 저렴한 에너지는 수력발전이었다. 중국 쓰촨 지역에서는 우기에 수력발전이 활발하게 일어나는데 전기를 소비할 곳이 마땅치 않아 전기가 남아도는 상황이 벌어지곤 했다. 그래서 중국에 거주하는 채굴자들은 지역 수력발전소와 협력하여 우기 때마다 쓰촨성으로 채굴기들을 옮겨 저렴한 전기로 채굴을 하곤 했다.

채굴의 중심이 중국에서 미국으로 옮겨진 지금도 가장 저렴한 전기는 신재생 에너지다. 미국 에너지 관리청에 따르면 2022년 태양광의 평균 발전 비용은 23달러, 해상 수력발전은 31달러인 반면, 석탄은 89달러, 원자력은 71달러로, 신재생 에너지의 생산 단가가 기존 발전 시스템의 절반 이하로 나타났다. 그리고 신재생 에너지의 발전 비용은 앞으로 신재생 에너지가 확장되면서 규모의 경제 효과에 의해 점차 더 저렴해질 가능성이 있다. 가장 싼 전기를 찾는 채굴 산업의 특성 때문에, 채굴은 신재생 에너지의 확산을 촉진할 수도 있다.

무엇보다도 채굴은 블록체인 토큰에 가치를 부여하는 핵심적인 방법이며 이러한 방법은 다른 산업, 특히 금과 같은 희소자원에도 사용되고 있다. 2020년에 금 채광에 소비된 에너지는 약 265테라와트시로, 비트코인 채굴에 쓰인 에너지의 1.8배에 달한다. 오늘날 대다수의 사람들은 금이 유용하게 사용되고 있고 금의 가치를 인정하기에 이러한 에너지 소비를 낭비라고 보지 않는다. 비트코인 채굴도 이와 마찬가지다. 이것이 허상이라고 믿는 사람들에게는 연간 150테라와트시라는 에너지 소비는 낭비겠지만, 비트코인을 통해 디지털 형태로 가치를 저장하고, 전 세계를 가치 네트워크로 연결하며 인터넷망을 통해 가치를 자유롭게 이동시킬 수 있다는 사실을 알고, 그래서 비트코인의 유용성을 믿는 사람들에게 이 에너지 소비는 전혀 낭비가 아니다. 결과적으로 비트코인을 둘러싼 환경 문제는 비트코인을 어떻게 바라보는지에 대한 태도 문제로 귀결된다고 하겠다.

Chapter 05

블록체인 활용하기: 전송

블록체인을 통해 코인을 전송하는 방법은 단순하면서도 복잡하다. 그래서 이 장에서는 기본적인 전송 과정부터 시작하여 전송과 관련된 필수적인 정보까지 제공하려 한다. 앞서 3장에서 예로 든 일렉트럼 지갑을 통해 구체적인 전송 과정을 살펴보도록 하자.

코인을 전송하려면 먼저 본인의 지갑에 코인이 있어야 한다. 일렉트럼 지갑을 예로 들면, 화면 맨 아래의 잔고Balance 부분이 0이 아니어야 한다([그림 19]).

전송을 위해 두 번째로 필요한 것은 받는 주소(공개키)다. 이는

[그림 19] 잔고 상태에 따라 결정되는 전송 여부

잔고가 0이면 전송이 불가능하다.

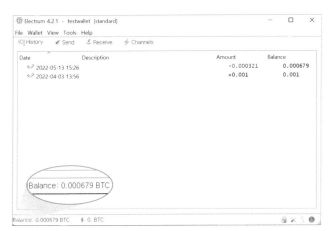

잔고가 0.000679BTC로 전송이 가능하다.

개인 지갑 주소일 수도 있고, 거래소 주소일 수도 있다. 블록체인의 종류에 따라 주소 앞에 나오는 문자가 정해져 있다. 예를 들어 비트코인은 1, 3, bc로 시작하고, 이더리움은 0x로 시작한다. 비트코인에서 파생된 코인들(비트코인 캐시 등)은 비트코인과 같은 주소 체계를 사용하고, 이더리움 계열 코인은 이더리움과 같은 주소 체계를 사용하는 경우가 많으니 주의할 필요가 있다. 이에 대한 자세한 내용은 후반부에서 더 설명하도록 하겠다.

받는 곳의 주소를 확인했다면, 이제 지갑에서 'Send' 또는 '전송' 버튼을 클릭한다. 그러면 받는 사람의 주소를 입력하는 칸이

[그림 20] 코인 보낼 주소 입력하기

받는 주소에 bc1q7y2jutj837v5sla94kvazutztvxwrnz8lrssc8를 입력했다.

보일 것이다. 이 칸에 받는 쪽의 주소를 입력한다([그림 20]).

다음으로 보낼 코인의 수량을 결정한다([그림 21]). 당연히 자신이 보유하고 있는 코인보다 적은 수량을 전송해야 한다. 이때 한 가지 더 고려할 점은 수수료인데, 블록체인에서의 모든 활동에는 수수료가 들어간다. 최근에는 은행 송금 수수료를 내는 일이 드물어져 이 개념에 익숙하지 않을 수 있다. 그러나 블록체인에서의 모든 활동은 기록되며, 이 기록을 위해 채굴자들은 비용을 들여 채굴을 한다. 따라서 항상 수수료가 발생한다는 점을 염두에 두자. 만약 모든 코인을 전송하고 싶다면 'Max(최대)' 버튼을 클릭한

[그림 21] 보낼 코인의 수량 입력하기

맥스(Max)를 눌러 수량을 입력했다.

[그림 22] 전송 여부 최종 확인하기

다. 시스템이 자동으로 수수료를 계산하고, 보낼 수 있는 나머지 코인 수량을 입력해줄 것이다.

이제 'Pay(지불)' 버튼을 누르면 다음과 같은 화면이 나온다([그림 22]). 현재 0.000679BTC를 가지고 있는 상태에서(좌측 하단), 수수료 0.00001562BTC를 제외하고 나머지인 0.00066338BTC를 전송할 것인지 확인하고 있다.

여기서 'Fee rate(수수료)' 옆의 막대를 조정하면 예상 전송 시간이 변한다. [그림 23]을 보면 5블록, 약 50분 안에 전송이 완료될 것으로 나타나는데(비트코인의 블록타임은 평균 10분이다. 블록타임에 대한 설명은 추후 다시 할 예정이다), 수수료가 비싸다고 생각된다면 수수

[그림 23] 전송 예상 시간 선택하기

료를 낮추고 전송 시간을 조금 늘리는 선택을 할 수 있다. 반대로 빠르게 전송하고 싶다면 높은 수수료를 지불하고 빠른 전송을 요청할 수 있다. [그림 24]에서 볼 수 있듯이 가장 낮은 수수료를 선택할 때 수수료는 0.00000231BTC가 들고 전송 예상 시간은 4시간, 가장 높은 수수료를 선택할 때는 0.00002486BTC가 들고 전송 예상 시간은 10분이 걸린다.

가장 낮은 수수료로 설정하고 'Send'를 클릭하면, [그림 25]와 같이 전송 완료를 나타내는 메시지가 표시된다.

이제 'History(전송 기록)' 탭으로 돌아가 보면, 새로운 전송 기록이 생겼다([그림 26]). 여기서는 내 지갑에서 다시 내 지갑으로 전송

[그림 24] 수수료에 따라 달라지는 전송 예상 시간 비교

가장 낮은 수수료를 선택할 경우(전송 예상 시간 4시간)

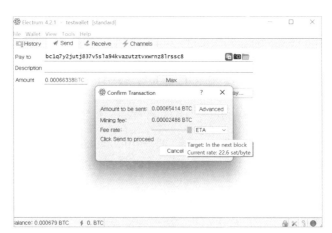

가장 높은 수수료를 선택할 경우(전송 예상 시간 10분)

[그림 25] 전송 완료를 알리는 메시지 창

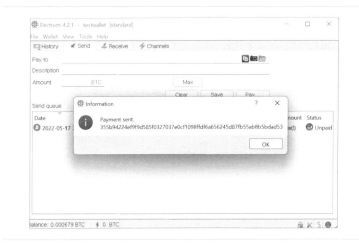

[그림 26] 전송 기록History 확인하기

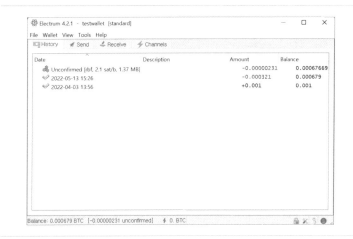

했기 때문에 수수료만 차감되고 나머지 잔고는 그대로 유지되는 것으로 나타나고 있다. 만약 다른 사람의 지갑 주소로 전송했다면, 잔고는 0이 되었을 것이다.

이렇게 전송을 성공적으로 완료했다. 이제는 전송 과정에서 블록체인에 어떤 일이 일어나는지 자세히 살펴볼 차례다.

전송할 때 블록체인에서 일어나는 일들

전송이 시작되는 순간 블록체인에서는 어떤 일이 일어날까? 이 과정을 기술적으로 100% 정확하게 설명할 수도 있겠지만, 독자들의 이해를 돕기 위해 여기서는 비유적으로 설명해보려 한다.

전송이 시작되면, 먼저 지갑에서 블록체인 네트워크로 전송 요청이 이루어진다. 비유적으로 설명하면 '전송 요청서'가 발송된다고 할 수 있다. 전송 요청서에는 보내는 주소, 보낼 코인의 수량, 받는 주소, 그리고 수수료 비용이 포함되어 있다. 마지막으로 이 요청을 제기하는 사람의 서명이 첨부된다. 예를 들어 "A주소에서 B주소로 10BTC를 보내시오. 수수료는 0.0001BTC를 사용하겠음. 서명: 홍길동"이라는 요청서가 발송된다.

발송된 전송 요청서는 다른 전송 요청서들과 함께 임시 저장소에 보관된다. 이 임시 저장소는 기술적으로는 멤풀Mempool이라고 불린다. 요청서가 이곳에 도달한 순간 우리의 지갑 프로그램에서는 코인이 출금된 것으로 표시된다. 하지만 수신자의 지갑에는 아직 승인되지 않은Unconfirmed 상태로 표시된다. 임시 저장소에 있는 요청서들은 채굴자들이 검증한 후 블록체인 장부에 기록하기 전까지는 처리되지 않은 상태, 즉 미승인 상태로 남게 된다. 이 대기 시간은 평균적으로 약 10분 정도다. 그러나 블록 채굴이 늦어지거나 많은 사람들이 요청서를 보내 임시 저장소가 가득 차는 경우, 처리 시간은 몇 시간에서 심하게는 며칠까지도 걸릴 수 있다.

전송 요청서에 명시된 수수료는 거래를 처리해주는 채굴자에게 돌아간다. 그러므로 적절한 수준의 수수료를 설정한 전송 요청서는 대부분 몇십 분 이내에 채굴자들에 의해 처리가 시작된다. 이때 전송 요청서는 두 가지 검증 과정을 거친다. 첫 번째 검증에서는 보내는 사람이 실제로 해당 코인을 사용할 수 있는 정당한 권한을 가지고 있는지를 확인하고, 두 번째 검증에서는 보내려는 코인의 수량이 보내는 주소에서 사용 가능한 코인의 수를 초과하지 않는지 확인한다. 이 두 가지 검증 중 하나라도 통과하지 못하면 네트워크는 전송 요청을 받아들이지 않는다.

이때 내 지갑에 충분한 양의 코인이 없거나, 내 지갑이 아닌 다른 지갑에 있는 코인을 보내려고 한다면 지갑은 전송을 처리하지 않을 것이다. 홍길동은 A주소의 열쇠를 가지고 있어야 하고, A주소에 전송 금액과 수수료를 합한 금액인 10.0001BTC보다 많은 코인이 있어야 한다. 만약 이를 검토하지 않는다면 홍길동의 코인을 김철수라는 사람이 마음대로 전송하는 사고가 발생할 수도, 홍길동이 1BTC만 가지고 있는데 10BTC를 보내는 사고가 발생할 수도 있다.

검증이 완료된 전송 요청서는 블록에 포함되어 영구적으로 블록체인에 기록된다. 기록이 되는 순간 승인Confirmation은 1로 올라가게 되고, 이후 블록이 하나씩 더 채굴될 때마다 승인 숫자도 따라서 올라간다. 만약 어떤 거래 상대방이 세 번의 승인을 요구한다면 최초로 블록체인에 포함된 이후 두 개 블록이 더 채굴될 때까지 기다리면 거래가 완료된다.

거래 ID 확인과 블록 탐색기

가게에서 물건을 사면 영수증을 받듯 블록체인에서도 전송을 하면 영수증과 유사한 것을 받는다. 이것을 거래 IDTransaction ID, 영어로 줄여서 TXID라고 한다. TX라는 단어는 '트랜잭션'이라는 영어 발음의 첫 글자 T와 중간의 'act' 발음이 X와 비슷한 것을 따

[그림 27] 전송 완료 후 확인할 수 있는 거래 ID(TXID)

서 만든 줄임말이다.

위의 [그림 27]에서 볼 수 있듯이, 전송이 완료된 후 나타나는 긴 무작위 문자열이 바로 TXID다. 그렇다면 이 거래의 내용을 어떻게 확인할 수 있을까? 블록 탐색기Block explorer라는 도구를 이용해 확인할 수 있다.

블록 탐색기는 블록체인의 정보들을 쉽게 열람할 수 있도록 정리해놓은 웹사이트로, 이곳에서 블록의 내용, 거래, 주소 등을 검색할 수 있다. 비트코인의 경우 대표적인 블록 탐색기로는 https://www.blockchain.com/explorer가 있으며, 이더리움의 경우에는 https://etherscan.io를 참조하면 된다. [그림 28]처럼 비트

[그림 28] 비트코인 블록 탐색기 화면

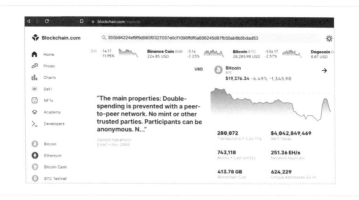

[그림 29] TXID 검색 시 나타나는 화면

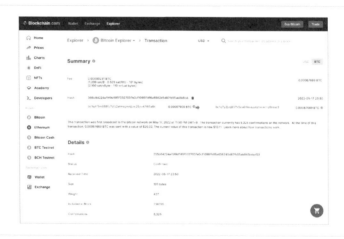

출처: https://www.blockchain.com/btc/tx/355b94224ef9f9d585f0327037e0cf1098ffdf6
a656245d87fb55ab8b5bdad53

코인 블록 탐색기에 접속한 후, 앞서 [그림 27]에서의 TXID를 복사하여 블록 탐색기의 검색란에 붙여넣어 확인해보자. 그리고 검색을 누르면 [그림 29]와 같은 화면이 나온다.

여기에 있는 내용을 하나하나 뜯어보자([그림 30]). 먼저 수수료는 총 0.00000231BTC가 소비되었고 수수료 단가는 2.1sat/vB이다. 이 거래가 사용하는 용량이 110버추얼바이트Virtual byte이기 때문에 2.1×110=231사토시Satoshi가 나온 것이다.

[그림 30] 수수료 내역

Fee	0.00000231 BTC
	(1.209 sat/B - 0.529 sat/WU - 191 bytes)
	(2.100 sat/vByte - 110 virtual bytes)

거래 ID는 해시라고 쓰여진 곳에 있는 문자열 355b9442⋯ 이다. 거래 내역을 보면 bc1q4f⋯5a6k에서 0.00067900BTC를 보냈고 여기서 수수료를 뺀 금액인 0.00067669BTC가 bc1q7y2⋯ssc8로 전송된 것을 알 수 있다([그림 31]).

자세한 내용을 조금만 더 살펴보면 현재 상태는 승인Confirmed이 되어 있다. 전송을 요청한 시간은 2022년 5월 17일 23시 50분이고, 블록 736795에 이 거래가 포함되었다. 현재 승인 횟수는

[그림 31] 거래 ID와 거래 내역

Hash   355b94224ef9f9d585f0327037e0cf1098ffdf6a656...□   2022-05-17
        bc1q4f5m968fu7qfz2ehksgnvkjcw25jrv47l65a6k   0.00067900BTC
                                    ➡ bc1q7y2jutj837v5sla94kvazutztvxwrnz8lrssc8
                                                                  0.00067669BTC

6,325회다([그림 32]).

블록 번호를 클릭하면 채굴된 블록의 정보를 확인할 수 있는
데 [그림 33]을 보면 블록 736795가 2022년 5월 17일 23시 59분
에 채굴되었음을 확인할 수 있다. 이 블록은 '풀린Poolin'이라는
채굴 풀에서 채굴되었으며, 해당 블록에 포함된 거래는 1,349건
이다. 이 블록의 채굴 보상은 6.25BTC이며, 수수료 수입은
0.04435862BTC로 확인된다. 전송 요청이 23시 50분에 이루어졌
다면, 이 정보를 통해 9분 후에 전송이 성공적으로 완료되었다는
사실도 유추할 수 있다.

[그림 32] 거래의 세부 내역

Details

Hash	355b94224ef9f9d585f0327037e0cf1098ffdf6a656245d87fb55ab8b5bdad53
Status	Confirmed
Received Time	2022-05-17 23: 50
Size	191bytes
Weight	437
Included in Block	736795
Confirmations	6,325

[그림 33] 채굴된 블록의 세부 정보

Block 736795 ⓘ

This block was mined on May 17, 2022 at 11:59 PM GMT+9 by Poolin. It currently has 6,349 confirmations on the Bitcoin blockchain.

The miner(s) of this block earned a total reward of 6.25000000 BTC ($121,872.06). The reward consisted of a base reward of 6.25000000 BTC ($121,872.06) with an additional 0.04435862 BTC ($864.97) reward paid as fees of the 1,349 transactions which were included in the block. The Block rewards, also known as the Coinbase reward, were sent to this address.

A total of 3,894.68355430 BTC ($75,944,498.81) were sent in the block with the average transaction being 2.88708937 BTC ($56,296.89). Learn more about how blocks work.

Hash	00000000000000000000503c64ccf79bc3728f8d75f74c2013e4fa2614ec420ed 🔒
Confirmations	6,349
Timestamp	2022-05-17 23:59
Height	736795
Miner	Poolin
Number of Transactions	1,349
Difficulty	31,251,101,365,711.12
Merkle root	907619d0a3613014360cfde65bf55041f5f1f6f995c033af4253c9054dee57cb
Version	0x2fffe004
Bits	386,466,234
Weight	3,999,476 WU
Size	1,723,472 bytes

출처: https://www.blockchain.com/btc/block/736795

모든 참여자의 합의를 구하는 시간, 블록타임

블록체인에서 이루어지는 전송과 일반적인 은행 송금 또는 이메일 전송과의 주요 차이점 중 하나는 송신 시점과 승인 시점 사이에 간격이 존재한다는 점이다. 앞의 예시에서는 이 간격이 9분이었지만, 운이 좋으면 1분 만에 처리될 수도 있고, 반대로 운이 나쁘면 몇 시간이 걸릴 수도 있다.

블록체인의 이러한 특징은 사용자에게 불편함을 주기도 하는

데, 이는 블록체인이 본래 갖고 있는 기술적 한계에서 비롯됐다. 이러한 한계의 근본적인 원인은 '블록타임'이라는 요소 때문이다. 그렇다면 블록타임이란 무엇이며, 왜 필요한 것일까?

블록타임을 간단히 설명하자면 블록과 블록 사이의 '간격'을 의미한다. 이는 마치 블록체인의 심장 박동과 비슷하다. 비트코인의 경우 블록타임은 평균적으로 10분이며, 이더리움은 12초다. 또한 EOS와 같이 블록타임이 0.5초로 매우 짧은 블록체인도 있다.

블록체인에서의 모든 거래는 새로운 블록이 생성될 때만 처리된다. 즉 아무리 빨리 전송 처리를 하고 싶더라도 그 처리 속도는 블록타임을 초과하지 못한다. 만일 블록타임이 정확히 10초라면, 매 10초마다 전송이 처리된다. 예컨대, 2시 30분 1초에 요청한 전송이나 2시 30분 9초에 요청한 전송 모두 2시 30분 10초에 처리되는 것이다.

비트코인과 같이 블록타임이 10분인 블록체인에서는 전송 요청을 한 후 처리되기까지 평균적으로 10분이 걸린다. 그래서 빠른 처리를 선호하는 사람들은 이를 답답하게 느끼기도 한다. 그러나 블록타임이 짧은 블록체인도 존재한다. 일례로 EOS라는 블록체인은 블록타임이 0.5초에 불과해 전송 요청 후 거의 즉시 처리가 이루어진다.

기다릴 필요가 없다는 점에서 보면 블록타임이 짧은 것이 무조건 좋아 보인다. 그러나 블록타임을 무작정 줄일 수 없는 이유가 있다. 블록체인은 '합의'라는 중요한 과정이 필요한데, 이 합의를 위해 네트워크에 참여한 모든 참여자(서버)는 현재 블록체인의 상태에 대한 정보를 공유해야 한다. 만일 정보 동기화가 이루어지지 않는다면, 합의 과정은 성립될 수 없다.

블록체인에 참여하는 서버들은 전 세계 각지에 분산되어 있다. 따라서 데이터가 네트워크를 통해 전 세계를 돌며 동기화되기 위해서는 일정 시간이 필요하다. 특히 일부 지역에서는 네트워크 상태가 불량할 수 있기에, 그 지역에도 데이터가 원활히 도달할 수 있도록 시간적 여유가 필요하다. 이러한 이유로 설정된 시간이 바로 블록타임이다.

블록타임은 해당 블록체인의 지향점과 밀접하게 연관되어 있다. 일반적으로 블록타임이 짧으면 블록체인의 분권화가 희생되고, 반면 블록타임이 길면 사용성이 떨어질 수 있다. 예를 들어 분권화를 매우 중요시하는 비트코인은 인터넷 환경이 좋지 않은 참여자들까지 고려하여 10분이라는 상대적으로 긴 블록타임을 설정했다. 반대로 블록타임이 매우 짧게 설정된 EOS는 시간이 짧은 대신 합의 과정에 참여할 수 있는 '검증인' 역할을 하는 사람들을 미리 선출해놓았다. 이더리움의 경우 누구나 참여할 수 있고 사용자 편의성도 중요시하기 때문에, 블록타임을 최대한 짧게 설정하여 12초로 만들었다.

거래 처리 시간이 각각 다른 이유

블록타임이라는 제약에도 불구하고 거래 속도 차이는 여전히 존재한다. 어떤 거래는 요청 직후 다음 블록에 처리되는 반면, 다른 거래는 몇 블록 뒤에 처리되는 경우도 있다. 이런 차이는 블록체인의 합의 과정 중 하나인 채굴과 관련이 있다. 거래가 빨리 처리되려면 전송을 요청한 뒤 바로 다음 블록에서 채굴자가 그 전송 요청서를 접수하고 처리해야 한다. 어떻게 하면 그렇게 할 수 있을까?

채굴자들은 새 블록을 생성하면서 그 안에 포함될 거래들을 선택한다. 이때 일반적으로 거래에 첨부된 수수료가 높은 거래를 우선적으로 선택한다. 이유는 간단하다. 채굴자들은 수수료를 보상으로 받기 때문이다. 수수료가 높은 거래를 우선적으로 처리하면 그만큼 수익이 커지게 되니 당연한 결과라 할 수 있다. 그러므로 어떤 거래를 빨리 처리하고 싶다면, 거래 수수료를 높게 설정하는 것이 유리하다. 만약 어떤 전송 요청서에 첨부된 수수료가 0.01BTC이고 다른 전송 요청서에 첨부된 수수료가 0.00001BTC

라면 채굴자 입장에서는 수수료 수입이 1,000배 많은 앞의 거래를 먼저 처리할 것이다.

　그러나 내가 원하는 시간 내에 전송을 처리하기 위해 얼만큼의 수수료를 지불해야 하는지 정확히 판단하기란 매우 어렵다. 이럴 때는 비트코인 네트워크의 현재 수수료 상황을 보여주는 사이트인 mempool.space 등을 참조하면 도움이 된다. 이 사이트에서는 현재 블록의 평균 수수료와 다음 블록의 예상 평균 수수료를 볼 수 있다. [그림 34]에서 블록 743111의 수수료 단가는 평균 2sat/vB(버추얼바이트당 0.00000002BTC)였고 다음 블록의 예상 평균 수수료는 12sat/vB이다. 만약 바로 다음 블록에서 거래를 처리하고 싶으면 수수료 단가를 12sat/vB 이상으로 책정하면 된다. 만약 급하지 않은 거래이고 수수료를 아끼고 싶다면 그보다 적은 단가로 책정하면 된다. 이렇게 현재 네트워크 전체의 수수료 상황을 참고하

[그림 34] 현재 블록의 평균 수수료와 다음 블록의 예상 평균 수수료

출처: mempool.space

여 자신의 거래 우선순위와 기다릴 수 있는 시간을 고려하여 수수료를 설정하면 된다.

비록 일반적이지는 않지만, 또 다른 방법도 존재한다. 바로 채굴자에게 직접 자신의 거래를 포함시켜달라고 요청하거나 직접 채굴을 해서 거래를 처리하는 것이다. 첫 번째 경우는 채굴자에게 수수료라는 경제적 이익을 포기하게 만드는 것이므로 가능성이 거의 없다고 봐야 한다. 두 번째로 직접 채굴을 하는 경우 역시 채굴이 성공할 시점을 예측할 수 없기 때문에 실질적으로 거래 속도를 향상시키는 방법이라 보기 어렵다.

그럼에도 불구하고 이 방식이 사용되는 경우가 있는데, 대형 채굴 풀이 자신의 채굴자들에게 코인을 배분할 때를 예로 들 수 있다. 이는 채굴 풀이 블록 채굴에 성공했을 때, 자신이 처리해야 하는 거래를 최소한의 수수료로(또는 수수료 없이) 새로운 블록에 포함시키는 방식이다. 이렇게 하면, 채굴 풀이 수수료를 돌려받게 되므로, 많은 수수료를 지불하든 적은 수수료를 지불하든 경제적으로는 큰 차이가 없게 된다.

수수료에 대해 기억해둬야 할 또 하나 중요한 점이 있다. 동시에 블록체인을 사용하는 사람들이 많아질수록 수수료는 상승하는 경향이 있다는 점이다. 블록당 처리 가능한 거래의 수에는 한계가 있기에 많은 사람들이 거래를 빠르게 처리하려고 하면 수수

[그림 35] 수수료 경쟁으로 갑작스럽게 수수료가 폭등한 모습 (2022년 5월 1일)

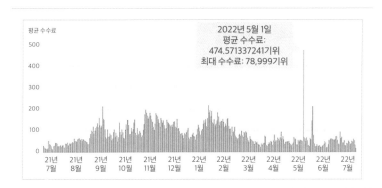

출처: Etherscan

료 경쟁이 일어나게 된다. 예를 들어 2022년 5월 1일에는 이더리움의 인기 있는 NFT인 'BAYC랜드Land'의 판매가 있었다. 보통 이더리움의 일반적인 수수료는 50기위Gwei(수수료 단위) 정도인데, 이 날은 평균 수수료가 474기위에 이르렀으며, 최대 수수료는 무려 7만 8,999기위였다. 이는 많은 사람들이 이 NFT를 구매하기 위해 수수료 경쟁을 펼쳤기 때문이다([그림 35]).

혹시라도 수수료를 조금이라도 아끼고 싶다면 우리나라 시간으로 오후 2~4시 정도에 전송을 시도해보자. 이 시간대에 미국은 한밤중이고 유럽은 이른 오전이기 때문에 상대적으로 전송이 덜 붐빈다.

전송 시 발생할 수 있는 다양한 문제들

아무리 전송에 대해 많이 알고 전송을 많이 해봤을지라도 막상 전송을 하려고 하면 긴장이 되기 마련이다. 자칫 실수해서 잘못된 주소로 보내면 코인이 사라질 수도 있고, 전송 과정 중에 문제가 발생해서 전송이 제대로 처리되지 않는 경우도 있기 때문이다. 따라서 전송 시 주로 발생하는 문제와 이에 대한 해결 방법을 살펴보는 것이 중요하다.

잘못된 주소

초보자들이 주로 하는 실수 중 하나는 주소를 잘못 입력하는 것이다. 일반적으로 주소를 복사-붙여넣기 하기 때문에 대부분의 경우 큰 문제가 없지만, 임의의 문자들이 어지럽게 널려 있으면 초보자 입장에서는 제대로 된 주소를 입력했는지 확인하기 어려울 수 있다. 만약 복사한 주소가 내가 보내려고 한 주소가 아닐 경우 이는 곧바로 전송 사고로 이어지게 된다.

이러한 문제의 해결법은 간단하다. 입력한 주소를 항상 확인하면 된다. 그러나 수십 개의 문자를 어떻게 확인한단 말인가? 그래서 요령이 필요하다. 앞에서부터 4~5글자, 뒤에서부터 4~5글자, 그리고 중간 어딘가의 4~5글자를 확인하면 된다. 예를 들어 주소가 'bc1q7y2jutj837v5sla94kvazutztvxwrnz8lrssc8'이라면 bc1은 접두사이므로 제외하고 앞의 네 글자 'q7y2', 맨 뒤의 네 글자 'ssc8', 그리고 중간 정도에 있는 글자인 'sla94'를 확인하는 것이다. 이런 방식으로 주소를 확인하면 주소 입력 오류를 크게 줄일 수 있다.

잘못된 네트워크

최근에는 동일한 주소 체계를 사용하는 다양한 블록체인들이 등장하면서 잘못된 블록체인 네트워크로 송금하는 문제가 생겼다. 예를 들면 이더리움 클래식ETC, 바이낸스 스마트 체인BSC, 바이낸스코인BNB, 폴리곤MATIC은 이더리움과 같은 주소 체계를 사용한다. 따라서 거래소에서 입출금을 진행할 때, 사용할 네트워크를 올바르게 선택해야 한다.

[그림 36]은 거래소 바이낸스Binance에서 입금 시 보이는 화면이다. BNB, BSC, ETH, SOL, TRX의 다섯 종류의 네트워크를 선택할 수 있다고 나온다. SOL이나 TRX는 완전히 다른 주소 체계를 사용하므로 문제를 쉽게 파악할 수 있지만, BNB, BSC, ETH는 주소가 동일하기 때문에 실수하기 쉽다.

이러한 문제를 해결하려면 송금하려는 암호화폐가 어떤 네트워크 위에 있는지, 그리고 송금하려는 주소의 네트워크가 해당 암

[그림 36] 동일한 주소 체계를 사용하는 블록체인들

출처: Binance

호화폐와 일치하는지 꼭 확인해야 한다. 블록체인을 오랫동안 사용해온 사람들조차 이 부분에서 종종 실수를 하므로 항상 주의를 기울여야 한다.

　잘못된 네트워크로 전송한 경우, 해결 방법은 주로 받는 주소가 개인 지갑인지 거래소인지에 따라 다르다. 개인 지갑이라면 상황은 약간 복잡하지만 해결 가능하다. 같은 주소 체계를 사용하는 코인은 개인키도 동일하기 때문에, 네트워크만 다르지 주소의 주인은 같다. 예를 들어 내 이더리움 주소가 0x9660a85b4c70fec00071dd2cf28b2220d79ffa29라면, BNB나 폴리곤의 0x9660a85b4c70fec00071dd2cf28b2220d79ffa29 주소의 주인도 나다. 따라서 내가 가지고 있는 이더리움의 개인키로 BNB나 폴리곤에서 새 지갑을 생성하면 이 주소를 만들 수 있다. 그러나 이 방법은 고급 설정을 필요로 하므로, 이런 상황이 발생하지 않도록 주의하는 것이 가장 좋겠다.

반면에 받는 주소가 거래소인 경우, 가장 빠르고 확실한 방법은 해당 거래소에 연락하는 것이다. 그러나 거래소의 정책에 따라서는 잘못된 네트워크로 입금된 코인을 처리해주지 않기도 하니 전송 시 주의를 기울여야 한다.

블록체인 오류에 의한 문제

또 다른 원인은 블록체인 오류다. 이 문제는 주로 하드포크와 같은 블록체인 네트워크에 큰 변화가 있는 시점 전후, 또는 예기치 못한 오류로 블록체인 네트워크에 이상이 발생했을 때 일어난다. 이런 상황에서 가장 좋은 해결책은 하드포크나 네트워크 이상이 있을 때 전송을 하지 않는 것이다. 이 문제는 가만히 있는 게 가장 좋은 해결책이다. 하드포크와 소프트포크에 대해서는 9장에서 더 자세히 설명할 것이다.

실수를 줄이고 싶다면 '정찰병'을 보내라

블록체인을 오랫동안 사용해온 사람들이 전송할 때 공통적으로 하는 행동이 있다. 바로 아주 적은 금액을 먼저 보내는 것이다. 이를 소위 '정찰병'이라고 한다. 만약 10BTC를 전송해야 한다면 같은 주소로 0.0001BTC를 먼저 보내고, 이 거래가 이상 없이 완료된 것을 확인한 다음에 9.9999BTC를 보내는 식이다.

이렇게 하면 주소나 네트워크 입력 오류, 블록체인 네트워크의 문제 등을 사전에 확인할 수 있다. 만약 정찰병을 보냈는데 전송이 제대로 이루어지지 않았다면 무언가 문제가 있다는 뜻이다. 그러면 일단 차분히 앉아 문제를 파악하고 해결한 후에 다시 정찰병을 보낸다. 다음 정찰병이 제대로 도착하면 그때 본격적으로 나머지 물량을 전송하면 된다. 비록 수수료가 아깝긴 하지만 한 번의 실수로 10BTC를 잃는 것보다는 훨씬 낫다.

정찰병을 보내지 않아도 되는 경우는 손실을 입어도 크게 문제가 되지 않을 정도로 작은 금액이거나, 오류 가능성이 상대적으로 낮은 주소를 자주 주고받는 경우다. 그러나 아무리 자주 주고받는 주소라도 블록체인 네트워크 오류 등의 문제는 언제든 발생할 수 있으므로 수수료를 너무 아깝게 생각하지 말고 가능하면 정찰병을 보내도록 하자.

Chapter 06
시장을 확장시키는 필요악, 안전한 거래소 이용 방법

 "키를 가지고 있지 않다면 그건 당신의 코인이 아니다Not your key not your coin."라는 문구는 블록체인의 본질을 가장 잘 드러내주는 표현이다. 개인키를 가지고 있지 않으면 거기에 담긴 코인도 내 것이 아니라는 의미로, 블록체인의 분권화와 자기주권성을 강조한다. 이 말에 따르자면 어떤 코인이든 진정한 소유권을 갖기 위해서는 내가 직접 개인키를 관리하는 '개인 지갑'에 코인을 넣어두어야 한다.

그러나 블록체인에 입문하는 이들이 처음 접하는 거래소는 이말과 다소 거리가 있다. 대다수의 사람들은 거래소 계정에 보유한 코인을 자신의 것으로 생각하는 경향이 있다. 이것이 완전히 틀린 말은 아니지만 블록체인의 관점에서 보았을 때, 그들이 '완전한 소유권'을 가지고 있다고 보기는 어렵다.

거래소 지갑의 개인키는 실제로는 거래소가 관리한다. 따라서 우리가 거래소에 입금하는 순간, 블록체인 관점에서 코인의 소유권은 거래소로 이전되는 것이다. 물론 거래소는 우리가 입금한 코인을 우리의 소유라고 인정해주지만, 이는 블록체인과는 별개의 문제다. 즉 블록체인 네트워크에서 거래소가 보유한 코인을 전송할 때 우리의 허가는 전혀 필요치 않다는 의미다. 반대로 우리가 거래소에 보유한 코인을 전송하고자 할 때 거래소가 허락하지 않으면 전송을 할 수 없다. 2022년 3월부터 시행된 자금 이동 추적 시스템인 트래블 룰Travel Rule도 같은 맥락이다. 트래블 룰 도입 이후 거래소 이용자들은 전송하는 지갑 계정주의 실명과 주소 등 개인정보를 입력하고 거래소에서 확인을 받아야 한다. 만약 이를 만족시키지 못하면 내 코인을 내 지갑으로 보내려고 할지라도 출금이 불가능하다.

하지만 코인을 거래하기 위해서는 거래소가 어쩔 수 없이 필요하다. 거래소는 암호화폐와 실물경제를 이어주는 다리 역할을 수행하기 때문이다. 법정화폐와 암호화폐 두 가지를 한자리에 모으고, 수요와 공급 원리에 따라 가격을 결정하고, 결과적으로 암호화폐 시장을 확장시키는 역할을 하는 곳이 거래소다. 그렇기 때문에 거래소는 '필요악'이라고 불리기도 한다.

우리에게 필요한 것은 거래소가 제공하는 이점을 활용하면서 동시에 거래소에 내재된 위험을 피하는 현명함이다. 장점과 위험 중에 더 주목해야 할 부분은 위험인데, 그 이유는 장점을 일부 놓치는 것은 큰 문제가 되지 않지만, 위험을 피하지 못하면 큰 손실을 입을 수 있기 때문이다. 그러므로 우선적으로 먼저 과거에 거래소에 어떤 사건들이 벌어졌는지 살펴보며 거래소의 위험성에 대해 생각해보자.

바람 잘 날 없는 거래소의 사건 사고

거래소의 역사는 끊임없는 사건 사고의 역사라고 해도 과언이 아니다. 큰 금액의 코인이 보관되어 있는 곳이기 때문에 거래소에 대한 해킹이나 소위 '먹튀'에 대한 동기부여도 그만큼 더 강해지기 때문이다.

아마 가장 유명한 거래소 사고는 마운틴곡스Mt. Gox 사건일 것이다. 일본에 소재지를 둔 이 거래소는 원래 '매직 더 개더링'이라는 트레이딩 카드를 거래하던 사이트였다. 마운틴곡스라는 거래소 이름도 'Magic The Gathering Online eXchange'의 대문자 부분만을 따서 만들었다고 한다. 이 사이트는 2011년 마크 케펠레스라는 프로그래머에게 매각되어 암호화폐 거래소로 탈바꿈하였다.

마운틴곡스는 2011년 6월에 처음 해킹당했다. 마운틴곡스가 관리하던 지갑 파일이 유출되어 2,643BTC가 유출되었다고 한다. 당시 비트코인 가격이 10~15달러 정도였으니 피해 금액은 대략 3~4만 달러로 생각보다 그렇게 큰 금액은 아니었다. 그러나 이때 유출된 지갑 중 일부는 여전히 해커의 손아귀에 있었고, 마운틴곡스는 이를 인지하지 못했거나 알고도 적절하게 대응하지 못했다. 그러는 사이 2012년에서 2013년까지 해커가 장악한 거래소 지갑으로 입금되는 비트코인은 해커의 지갑으로 계속해서 옮겨졌다.

한참의 시간이 흐르고 난 2014년 2월, 마침내 마운틴곡스는 문제의 심각성을 깨달았다. 2월 7일에 마운틴곡스는 갑작스럽게 모든 비트코인 인출을 중단한다고 발표했다. 그렇게 하루아침에 사용자들은 거래소에 입금된 자신의 코인을 마음대로 출금할 수 없게 되었다. 몇 주 뒤인 2월 24일, 마운틴곡스는 모든 거래를 중지하고 웹사이트에도 접속할 수 없게 만들었다. 그리고 2월 28일에는 일본에 파산보호를 신청했다. 마운틴곡스가 해킹을 당한 비트코인은 65만에서 85만 개 사이로 추정되며, 마운틴곡스에 코인을 예치해둔 피해자들은 아직까지도 적절한 보상을 받지 못하고 있다.

같은 해 7월, 이번에는 알트코인을 주로 거래하던 민팔Mintpal이 해킹을 당했다. 해커들의 목표는 당시 인기가 많았던 알트코인인 베리코인Vericoin이었고, 800만 개의 코인이 유출됐다. 그로부터 세 달 후에 민팔은 또 한 번 해킹을 당해 3,700BTC를 잃어버렸다.

2014년 7월 말, 첫 번째 민팔 해킹 사건과 비슷한 시기에 크립시Cryptsy라는 다른 거래소도 해킹당했다. 크립시는 다양한 코인을 신속하게 상장하는 것으로 유명한 거래소였다. 그런데 새롭게 상장된 럭키7코인Lucky7Coin의 프로그램 소스에 트로이목마 바이러스가 숨어 있었다. 이로 인해 거래소에 있던 1만 3,000BTC와 30만 LTC(라이트코인)가 유출되었다.

그 이후에도 거래소의 해킹 사건은 계속되었다. 2015년 1월에는 비트스탬프Bitstamp가 해킹을 당해 1만 9,000BTC가 유출되었고, 2월에는 비터BTER라는 거래소에서 7,000여 BTC가 유출되었다. 2016년에는 비트파이넥스Bitfinex에서 12만 BTC가, 2017년에는 초기 국내 거래소 중 하나인 야피존에서 3,800BTC, 나이스해시에서 4,736BTC가 해커에게 유출되었다. 2018년 1월에는 일본의 거래소 코인체크Coincheck에서 5억 2,300만 개의 넴NEM코인이, 2월에는 비트그레일Bitgrail에서 1,700만 개의 나노NANO코인이 도난당했다. 6월에는 국내 거래소 빗썸에서 비트코인, 리플, 이더리움 등 11종의 코인이 해킹당해 약 190억 원의 피해를 보았다. 국내 최대 거래소인 업비트도 2019년 11월에 34만 2,000개의 이더리움을 해킹당했으며, 세계 최대 거래소인 바이낸스는 2019년 5월에 7,000BTC를 해킹당했다.

지금까지 언급한 사고들은 적어도 거래소가 해킹을 '당한' 사례에 속한다. 그러나 이보다 더 악질인 사례도 존재한다. 거래소 운영자가 고의로 사용자들의 자금을 탈취하거나 고객의 자금을 방만하게 운영하는 경우다. 이는 거래소 운영이라 하기보다는 횡령이나 사기에 가깝다. 대개 이런 사례는 이름이 잘 알려지지 않은 거래소들이다 보니 세간에 많이 알려지지 않는 편이다. 그러나 분명히 피해자가 존재하고 이러한 일은 생각보다 자주 발생한다.

그러나 거대한 거래소에서 이런 도덕적 해이가 발생하는 경우도 있다. 2022년 11월에 발생한 FTX 파산 사태는 특히 전 세계 블록체인 생태계에 큰 파문을 불러일으켰다. 당시 세계 3위 거래소였던 FTX는 사태가 발생하기 한 달 전인 10월에 4억 달러의 투자를 유치했으며, 그 기업가치는 무려 320억 달러에 달했다.

그러나 고객의 자금을 정직하고 안전하게 관리해야 할 이 거래소는 각종 부정행위로 얼룩져 있었다. 자회사인 알라메다 리서치 Alameda Research라는 투자사의 부채를 FTX 고객 자금으로 대신 갚았고, 장부 관리도 제대로 하지 않아 정확한 재무 현황을 파악하기조차 어려웠다. 이런 상황 속에서 CEO인 샘 뱅크먼프리드Sam Bankman-Fried와 그의 측근들은 바하마에 고급 별장을 구입하고 휴가를 즐기는 등 개인적인 용도로 회사 자금 3억 달러를 낭비했다. FTX는 결국 미국 법원에 파산보호를 신청하게 되었다. 그 여파로 거대 암호화폐 자산 운용사인 제네시스캐피털Genesis Capital, 암호화폐 대출 플랫폼인 셀시우스Celsius, 헤지펀드인 스리에로우캐피털Three Arrows Capita 등이 파산했다. 수개월 후에는 국내의 하루인베스트와 델리오 등의 업체도 파산하면서 국내에도 파괴적인 영향을 끼쳤다.

그럼에도 거래소가 점차 제도권으로 들어오게 되면서 근래에는 거래소와 관련된 사고들이 많이 줄어들기는 했다. 하지만 아직까지도 거래소는 블록체인을 하는 사람들에게는 필요하지만 마냥 좋아할 수만은 없는 존재인 것이 사실이다.

현명한 거래소 이용을 위한 세 가지 원칙

좋아할 수는 없지만 어차피 이용할 수밖에 없는 거래소라면 현명하게 이용하는 법을 배우는 것이 차라리 낫다. 그렇다면 어떻게 해야 거래소를 잘 이용할 수 있을까?

적게 둬라

가장 중요한 첫 번째 원칙은 거래소에는 잃어도 큰 문제가 없는 액수의 코인만을 보관하라는 것이다. 물론 아무리 작은 액수라도 잃어선 안 되지만 최악의 상황을 대비할 필요는 있다. 즉 거래소가 갑자기 사라져도 내 삶에 큰 타격이 없는 수준의 액수를 넣어두어야 한다.

얼마가 적당한 수준인지는 사람마다, 그리고 그 사람의 자산 규모에 따라 다를 것이다. 어떤 사람에게는 1억 원이 될 수 있지만 누군가에게는 10만 원이 될 수도 있다. 그러나 늘 기억해야 할 중요한 원칙은 하나다. 거래소에 있는 돈은 결코 내 돈이 아니라는 사실이다.

짧게 둬라

또 다른 중요한 원칙은 거래할 때만 거래소에 코인을 보관하라는 것이다. 내 코인이 거래소에 있는 동안, 그 코인은 내가 통제할 수 없는 위험에 노출되어 있다.

코인을 매도할 예정이라면 가능한 매도 직전에 거래소로 옮기길 권한다. 여러 번에 걸쳐 매도를 할 예정이라면 앞서 언급한 '잃어도 큰 타격이 없는 액수'를 기준으로 하여 코인을 나눠서 거래소로 옮겨라. 매수를 한 경우에는 단기간 내에 매도할 계획이 없다면 가능한 한 빨리 코인을 개인 지갑으로 옮기도록 한다.

거래소에 무슨 문제가 생길 때까지 기다려보고 코인을 옮겨놓겠다는 생각은 안일하기 짝이 없다. 거래소는 언제든지 한순간에 출금을 제한할 수 있다. 지금까지 발생한 거래소 사건들을 생각하면 이는 분명한 사실이다.

이름 있는 거래소를 쓰라

소형 거래소가 반드시 나쁘다는 얘기는 아니지만 대형 거래소를 사용하는 것이 상대적으로 안전하다. 가장 큰 이유는 많은 대형 거래소들이 해킹 사고에 대비하여 피해 보상을 위한 예비비를 편성해두었기 때문이다. 따라서 만약 해킹이 발생하더라도 피해자들은 최소한의 금전적 보상을 받을 수 있는 여지가 있다. 반면 중소형 거래소는 자금 여력이 많지 않아 피해가 발생했을 때 보상을 해줄 수 있는 여력이 상대적으로 부족하다. 물론, 대형 거래소도 막대한 해킹을 당하면 보상이 어려울 수 있고, 중소형 거래소라도 보안을 철저히 지키면 상대적으로 더 안전할 수 있다. 그러나 가능하면 어느 정도 명성이 있는 거래소를 사용하는 편이 안전하다.

특히 조심해야 할 곳은 이름도 들어보지 못한 해외의 거래소들이다. 이런 거래소들은 주로 높은 수익률이나 풍성한 혜택으로 투자자들을 유혹하는데, 어느 정도 자금이 모이면 갑자기 사라지는 경우가 많다. 이런 곳들은 껍데기만 거래소인 사기 집단이다. 게다가 해외에 위치해 있어 추적이 어렵고, 국내의 법적 수단으로도 해결하기 어렵다. 이런 거래소들은 가능한 피하는 것이 바람직하다.

다행히 최근에는 특정 금융거래정보의 보고 및 이용 등에 관한 법률(특금법)과 같은 제도가 도입되어 거래소들이 일정한 자격 요건과 안전장치를 갖추도록 규제가 시작됐다. 이용자가 많은 이름 있는 거래소들은 이런 제도적 장치를 수용했기 때문에 상대적으로 더 안전하다고 볼 수 있다. 그러나 어디까지나 '상대적'이라는 점을 잊지 말아야 한다. FTX와 같은 사태가 또 발생하지 말라는 보장은 없다. 현재로서는 안정적으로 여겨지는 바이낸스나 업비트 같은 대형 거래소도 한순간에 갑자기 무너질 수 있다는 점을 명심하자.

재정거래와 김치 프리미엄

거래소를 이용하다 보면 한 가지 재밌는 현상을 관찰할 수 있다. '김치 프리미엄' 또는 '역프리미엄'이라고 하는 것인데 국내 거래소 가격이 해외 거래소보다 높거나 낮은 현상이다.

코인은 이동이 자유로워서 일반적으로 한 거래소에서 프리미엄이 발생하면 투자자들은 다른 거래소에서 싼값에 코인을 사서 비싼 거래소로 옮긴 다음 판매해서 수익을 취한다. 이것을 차익거래 또는 재정거래Arbitrage라고 한다. 이 방식은 통상적으로 시장 가격의 안정성을 유지하는 데 도움이 되는데, 암호화폐 시장에서도 재정거래의 결과로 여러 거래소 간 가격이 일정하게 맞춰지게 된다.

하지만 재정거래에 의한 거래소 간 가격 조정은 자유로운 자금 이동을 전제로 한다. 만약 자금 이동이 자유롭지 않거나, 혹은 자금을 이동하는 데 비용이 많이 든다면 재정거래가 원활하게 작동하지 않게 된다.

김치 프리미엄의 근본적인 원인이 바로 이 부분이다. 우리나라는 외환거래법에 의해 일정 액수 이상의 외화 반출을 엄격하게 규제하고 있어 재정거래가 어렵다. 우리나라 거래소에서 코인이 비싸게 거래된다면 우리나라에서 코인을 팔고, 마련한 현금을 달러 등 외화로 환전해서 해외 거래소로 보낸 다음에 거기서 같은 코인을 다시 사면 이익을 볼 수 있을 것이다. 하지만 외환거래법에 의해 해외 거래소로 보내는 과정이 막혀 있기 때문에 김치 프리미엄을 지켜볼 수밖에 없다.

김치 프리미엄은 코인 투자가 대중적인 인기를 끌 때 주로 발생한다. 2017년 말에는 김치 프리미엄이 40~50% 가까이 형성되기도 했다. 평상시에는 1~3% 수준의 프리미엄이 있는데, 코인에 대한 인기가 많이 시들해진 시기에는 가끔씩 역프리미엄이 형성되기도 한다.

이와 같이 김치 프리미엄이나 역프리미엄과 같은 현상은 암호화폐 거래 시 주의해야 할 또 다른 부분이다. 이를 잘 이해하고 거래소를 현명하게 이용하면 더 안전하고 효율적인 거래를 할 수 있을 것이다.

거래소 입출금 관련 문제 해결법

앞 장에서는 전송 시 발생하는 문제를 주로 살펴봤는데, 그중 가장 흔히 발생하는 문제는 거래소 입출금과 관련한 것이었다. 이 장에서는 전송 과정에서 거래소와 발생하는 문제를 해결하는 방법에 대해 자세히 알아보도록 하자.

전송 과정에서 거래소와 발생하는 문제는 대체로 두 가지 형태로 나타난다. 첫 번째는 거래소에서 코인을 출금했지만 사용자의 지갑에 들어오지 않은 경우다. 두 번째는 코인을 거래소로 입금했지만 해당 거래소 계좌에 코인이 반영되지 않는 경우다. 이 중에서 출금에 관한 문제를 먼저 다루어보자.

출금

거래소 입출금 문제를 제대로 분석하기 위해서는 두 가지 차원에서 이 문제를 이해해야 한다. 하나는 거래소 내부 서버 차원에서 발생하는 문제이며, 다른 하나는 블록체인 네트워크 차원에서 발생하는 문제다.

거래소에서 개인 지갑으로 코인을 출금하는 과정을 살펴보자([그림 37]). ① 사용자가 거래소에 출금을 요청한다. ② 요청을 받은 거래소는 자신이 보유하고 있는 블록체인 지갑에서 사용자 지

[그림 37] 거래소에서 출금이 이루어지는 과정

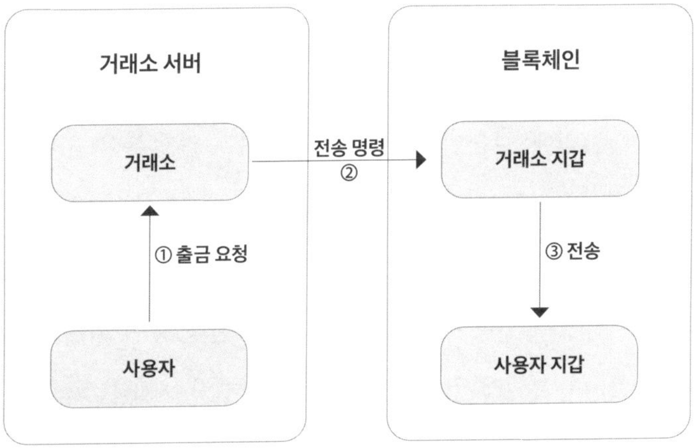

갑으로 코인을 전송하라는 명령을 내린다. ③ 그러면 거래소 지갑은 사용자 지갑으로 코인을 전송하고 출금이 마무리된다.

여기서 거래소 차원에서 문제가 발생하는 지점은 ①번과 ②번이다. ①번은 사용자가 출금을 요청했는데 거래소가 요청을 제대로 접수하지 못한 상황이다. 대부분은 사용자 이메일로 추가 인증 요청이 오는데 사용자가 그 과정을 미처 처리하지 않아 요청이 전달되지 않았을 때 이런 일이 발생한다. 따라서 거래소 사이트나 앱에서 출금 요청이 정상적으로 접수되었는지 먼저 확인해야 한다.

요청이 제대로 전달되었다면 ②번을 확인할 차례. 사용자의 요청은 접수했는데 거래소 내부 서버에 문제가 생겨 거래소 지갑으로 제대로 요청이 전달되지 않은 경우가 여기에 해당된다. 이를 확인하려면 거래소의 출금 페이지에서 거래 ID, 즉 TXID가 제대로 생성되었는지를 확인하면 된다. TXID가 존재하지 않는다면, 이는 블록체인에 전송이 제대로 이루어지지 않았음을 의미한다. 만일 TXID를 찾는 것이 어렵다면 블록 탐색기를 사용하여 사용자의 주소를 확인할 수 있다. 거래소에서 전송 명령을 내렸다면 거래소 지갑에서 사용자 지갑으로 입금이 진행 중인 거래가 존재할 것이다. 만약 그렇지 않다면 이는 거래소가 거래소 지갑에 출금 요청을 하지 않았다는 뜻이다.

①, ②번 모두 문제가 없다면 남은 것은 블록체인 네트워크의 문제인 ③번이다. 이는 블록체인 네트워크의 오류나 사용자가 주소나 네트워크를 잘못 입력하여 발생한 문제일 수 있다. ①번이나 ②번 상황에 해당하는 경우라면 거래소에 연락하여 해결할 수 있지만, ③번은 거래소가 도와줄 수 있는 부분이 없다. 거래소의 역할은 블록체인 네트워크에서 TXID를 만들어내는 것까지라고 보면 된다.

입금

입금은 출금의 반대 방향으로 진행된다([그림 38]). ① 사용자가 거래소 지갑으로 전송(입금)하면, ② 거래소는 거래소 지갑을 모니터링하면서 입금을 확인한다. ③ 그러면 거래소 서버에서 사용자에게 입금 사실을 알려준다.

이 과정 중 블록체인 차원에서 문제가 발생하는 부분은 ①번이다. 이 경우 사용자는 본인의 지갑에서 거래소 주소로 정확히 전송이 이루어졌는지, 네트워크 선택이 올바르게 이루어졌는지, 그리고 전송 과정에서 오류가 없었는지를 블록 탐색기를 통해 확인해야 한다. 이더리움을 예로 들면, 수수료가 부족하여 전송이 실패하는 경우도 있으므로 꼼꼼하게 확인해야 한다.

블록체인에서 전송이 정확하게 이루어졌다면 다음에 확인해

[그림 38] 거래소에서 입금이 이루어지는 과정

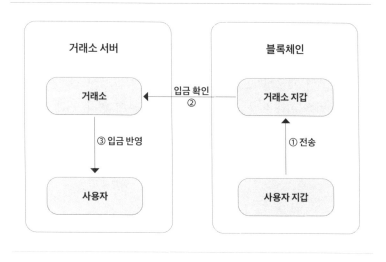

야 할 부분은 ②번이다. 여기서의 문제는 주로 사용자가 입금 과정에서 함께 기입해야 하는 메모를 제대로 입력하지 않아 발생한다. 이러면 거래소는 어떤 사용자 계정에 입금을 반영해야 하는지를 알 수 없어 입금 처리를 하지 못하게 된다. 이 경우에는 거래소에 즉시 연락하여 메모를 알려주거나, 잘못된 메모를 수정 요청해야 한다. 만약 메모를 잘못 기입해 다른 사람의 지갑으로 입금이 이루어져 그 사람이 코인을 팔게 되면 문제가 복잡해질 수 있으므로 메모 입력에도 충분히 신경을 써야 하겠다.

마지막으로 ①, ②번에는 문제가 없음에도 거래소 시스템의 이상 등으로 입금된 코인이 제대로 반영되지 않는 문제 또한 발생할 수 있다. 이 경우에는 거래소에 문제를 제기하면 약간의 시간이 걸리기는 해도 문제를 해결할 수 있다.

PART

03

늘 도전하고
진화하는
블록체인의
현재와 미래

B L O C K   C H A I N

Chapter 07
생태계를 확장시킨
알트코인의 탄생

 알트코인은 'Alternative Coin'의 줄임말로 '대안적 코인'을 의미한다. 그렇다면 여기서 '대안'은 무엇에 대한 대안을 의미하는 것일까? 다들 예상하다시피 비트코인에 대한 대안을 뜻한다.

알트코인은 비트코인의 미흡한 부분이나, 그 기술 자체로는 해결하지 못하는 부분을 보완하고, 혹은 비트코인에서 시도하지 않았던 새로운 기능이나 개념을 성공적으로 도입하는 것을 그 목표로 해서 등장했다.

전통적인 알트코인들

비트코인 이후 최초로 등장한 알트코인은 네임코인Namecoin, NMC이다. 2011년 4월에 출시된 네임코인은 비트코인과 동일한 채굴 방식을 가지고 있으며 그 총량 또한 2,100만 개로 동일하다. 그러나 네임코인은 블록체인 기술을 활용하여 새로운 도메인 이름 등록 시스템을 구축하고자 했다.

현재 우리가 사용하는 인터넷 주소는 사실상 모두 IP라는 숫자로 구성되어 있다. 사용자는 웹사이트에 방문할 때 해당 웹사이트의 이름 혹은 주소를 입력하지만, 실제로는 입력한 주소가 DNSDomain Name System에 의해 숫자로 구성된 IP 주소로 변환되어 연결이 이루어진다. 예를 들어, 사용자가 'naver.com'을 주소창에 입력하면 DNS는 자신이 가진 목록에서 'naver.com'을 찾아 해당하는 IP 주소인 '223.130.195.95'로 연결해주는 구조다. 이는 오늘날에는 볼 수 없는 전화 교환원과 유사한 역할을 한다. 이해가 잘 가지 않는다면 윈도우에서 명령 프롬프트Cmd를 열고 'nslookup naver.com'을 입력한 뒤 그 결과로 나온 주소를 인터넷 주소창에 입력해보면 이해에 도움이 될 것이다.

DNS는 복잡한 숫자 형태의 IP 주소를 사람이 쉽게 외울 수 있는 문자 형태로 변환해주는 역할을 하며, 이는 웹 사용에 있어 매우 유용한 기능이다. 하지만 이러한 DNS 시스템은 문제를 야기할 수도 있다. ICANN(International Corporation for Assigned Names and Numbers)(국제도메인관리기구)이나 정부 같은 강력한 조직이 DNS를 조작하여 특정 사이트를 검열하는 경우, 또는 해커들이 DNS를 해킹하여 사용자를 피싱 사이트로 유도하는 등의 문제가 그것이다. 이런 문제를 해결하기 위해 네임코인은 '.bit'라는 새로운 도메인을 사용할 수 있는 블록체인 기반의 서비스를 제공했다. 이는 비트코인이 제공하는 단순한 지급결제 시스템을 넘어서, 블록체인 기반의 인터넷 주소 서비스를 제공한 것이었다.

그다음으로 등장한 알트코인은 라이트코인(Litecoin, LTC)이다. 라이트코인은 비트코인의 암호화 알고리즘인 SHA-256을 스크립트(Scrypt)라는 새로운 알고리즘으로 바꾼 것이 특징이다. 초기 비트코인은 일반 CPU를 이용해 채굴할 수 있었지만 시간이 흐르면서 더 고성능의 GPU나 전용 반도체(FPGA, ASIC)를 통해 채굴해야만 수익이 나는 상황이 되었다. 이런 장비들은 상대적으로 가격이 높고, 구하기 어렵기 때문에 일반인의 채굴은 점차 어려워질 수밖에 없었다. 이 문제를 해결하기 위해 찰리 리(Charlie Lee)는 GPU나 전용 반도체로는 채굴이 어렵도록 설계된 새로운 알고리즘의 라이트코인을 만들었다. 물론, 현재는 라이트코인도 ASIC이라는 전용 반도체로 채굴되고 있지만 그 당시에는 이것이 중요한 개선점이었다.

또한 라이트코인은 비트코인보다 4배 많은 8,400만 개의 발행량과 4배 빠른 2.5분의 블록 생성 시간을 설정함으로써 비트코인보다 저렴하고 빠르다는 점을 내세웠다. 비트코인이 금이라면 라이트코인은 은이라는 얘기였다.

다른 주목할 만한 알트코인으로는 피어코인Peercoin, PPC이 있다. 2012년에 개발된 피어코인은 최초로 PoS(지분증명) 방식을 채택한 코인으로 알려져 있다. 익명의 개발자인 써니 킹은 비트코인의 높은 에너지 소비에 대한 대안으로 지분증명 알고리즘을 개발하여 피어코인에 적용했다. 지분증명 코인은 채굴 대신 스테이킹Staking*을 통해 이자를 받는 방식으로, 이는 은행에서 정기예금을 운영하는 것과 유사하다.

이후에 써니 킹은 프라임코인도 개발했다. 현재는 거의 사라지다시피한 이 코인은 '유용한 작업증명Useful PoW'을 주장했다. 일반적인 작업증명은 의미 없는 임의의 숫자를 찾는 데 에너지를 소비하는 반면, 프라임코인은 특정 소수와 관련된 수학적 문제를 해결하는 데 컴퓨팅 파워를 사용했다. 실제로 커닝햄Cunningham 체인이나 바이트윈Bi-twin 체인을 검색하면, 프라임코인이 발견자로서 순

---

* 스테이킹은 사용자가 자신의 암호화폐를 잠시 네트워크에 예치(Stake)하여, 거래 검증의 참여와 권한을 얻는 방식이다. 검증에 참여한 사용자는 보상으로 토큰을 받을 수 있다.

위권에 나타난다.

비트코인보다 더 인기가 높았던 알트코인도 있다. 바로 2013년에 등장한 도지코인이다. 이 코인은 암호화폐의 무용성과 과열된 시장을 비꼬기 위해 탄생했다. 채굴 방식을 채택하긴 했지만 공급량은 무한대였으며, 아무런 쓸모도 없이 단지 귀여운 시바견 사진만이 있었다. 그러나 도지코인은 귀여운 강아지 사진과 다양한 밈 Meme(인터넷을 통한 문화 전파)이 커뮤니티를 통해 퍼지면서 대단한 성장을 이루었다. 귀여운 시바견의 모습은 코인에 대해 잘 모르는 사람들까지 코인의 세계로 끌어들이는 영향력을 발휘했다. 암호화폐를 풍자하기 위해 만들어진 도지코인은 역설적으로 암호화폐를 널리 알리는 대표적인 예가 되었고, 커뮤니티와 밈에 기반한 암

[그림 39] 도지코인과 관련한 인터넷 밈

출처: Wikipedia

호화폐라는 새로운 영역을 개척했다.

익명코인도 알트코인의 영역 중 하나다. 지캐시Zcash, ZEC, 모네로Monero, XMR, 대시DASH와 같은 코인들이 대표적이다. 블록체인은 기본적으로 어떤 주소가 어디로 얼마나 보냈는지가 공개되어 있다. 그래서 이를 잘 추적하면 특정 계정의 신원이나 활동을 파악할 수도 있다. 비트코인 역시 이와 같은 특성을 지닌다. 그러나 익명코인들은 기술적으로 보낸 사람이나 수량을 파악할 수 없게 만들어 개인의 익명성과 사생활을 보호하는 기능을 제공한다.

지금까지 1만 가지 이상의 알트코인이 등장했지만(물론 그중 상당수는 사라졌다) 그중에서도 가장 성공적인 알트코인이라면 누가 뭐래도 이더리움일 것이다. 젊은 천재 개발자 비탈릭 부테린Vitalik Buterin이 2015년에 내놓은 이더리움은 스마트 컨트랙트라는 새로운 기술을 필두로 월드 컴퓨터 역할을 자처했다. 비트코인이 단순한 계산기에 불과하다면, 이더리움은 프로그래밍 언어를 사용할 수 있는 컴퓨터에 비유할 수 있다. 그래서 이더리움 위에서는 새로운 토큰을 생성하거나 거래를 실행하고, 정보를 저장하고 활용할 수 있다. 이러한 모든 활동은 블록체인 위에서 이루어지므로 조작이나 해킹으로부터 안전하다. 이더리움은 지금까지 등장한 다른 어떤 알트코인보다 블록체인의 가능성을 가장 넓게 확장시켰고, 블록체인 산업의 성장에 결정적인 역할을 수행했다.

우리는 블록체인이라고 하면 자연스럽게 '탈중앙화'를 떠올린다. 그러나 일부 알트코인은 사용성을 개선하기 위해 이 탈중앙화 원칙을 일정 부분 포기했다. 그 대표적인 예가 바로 리플Ripple, XRP이다. 리플 블록체인은 리플이라는 회사가 전적으로 관리하며, 일반 사용자들은 채굴을 하거나 블록을 생성할 수 없다. 이 때문에 일부에서는 리플이 과도하게 중앙화되어 블록체인이 아니라는 견해를 비치기도 한다. 그러나 이런 탈중앙화의 희생을 통해 리플은 수수료를 크게 줄이고 속도를 높였다.

DPoS라고 불리는 방식도 탈중앙화를 일부 포기한 모델이다. 이 모델은 블록을 검증하고 생성하는 기회를 모든 참여자에게 제공하지 않고 투표를 통해 선발된 일부 사람에게만 이 권한을 부여한다. 선택된 블록 생성자(밸리데이터)에게는 고사양의 서버 사용과 철저한 운영이 요구되어 이를 통해 블록체인의 안정성과 성능을 향상시킨다. 이 방식을 채택한 대표적인 프로젝트로는 앞서 1장에서 소개한 스팀이 있다. 스팀은 탈중앙화를 일부 포기한 대신 3초의 블록 생성 시간과 초당 300건 이상의 처리 능력을 확보했다. 덕분에 스팀이 제공하는 SNS 서비스인 스팀잇은 일반적인 블로그와 크게 다르지 않은 사용성을 보여주었고, 이를 바탕으로 상당한 사용자 층을 확보할 수 있었다.

최근에는 이더리움과 같은 스마트 컨트랙트 플랫폼을 중앙화

해서 사용성을 높이는 경우도 등장했다. 바이낸스 거래소의 BNB, FTX 거래소의 솔라나Solana, SOL, 그리고 국내에서는 클레이튼 Klaytn, KLAY이 여기에 해당한다. 이런 코인들은 블록 생성과 검증이 허용된 기관(대부분 기업)에 한정되도록 하는 대신 리플과 같이 속도를 향상시키고 수수료를 줄이는 방향으로 발전했다. 거기에 더해 다양한 비즈니스 모델을 결합하여 암호화폐와 기존 비즈니스 사이의 융합을 촉진하고 있다.

여기서 언급한 코인들 외에도 수많은 알트코인이 존재한다. 그중 일부는 안타깝게도 시류에 영합해서 돈을 벌기 위한 모방 프로젝트에 불과하지만, 또 다른 일부 중에는 블록체인 영역을 진정으로 확장하려는 마음에서 진심 어린 노력을 기울이는 프로젝트들도 있다. 이렇듯 새로운 알트코인은 계속해서 탄생하고 또 사라지지만 이런 과정에서 투입되는 노력은 블록체인 생태계에 남아 블록체인을 지속적으로 발전시키고 있다.

진흙 속에서 어떻게 보석을 찾아낼 것인가

끊임없는 새로운 실험을 통해 블록체인의 영역을 확장한다는 알트코인의 가치는 분명 칭찬받을 만하다. 그러나 알트코인 앞에 항상 장밋빛 미래가 놓여 있지는 않다. 대다수의 알트코인은 예상치 못한 높은 변동성을 보이고 그 수명도 상당히 짧다.

대표적인 알트코인 중 하나인 도지코인을 보자. 이 코인은 2013년 말에 0.00027달러로 상장되어 이틀 만에 4배 수준으로 상승해 0.0011달러를 기록했다. 그러나 바로 이어서 0.00025달러까지 하락했고, 한 달 뒤에는 다시 7배까지 상승하여 0.0018달러가 됐다. 그런데 이 고점을 찍은 후에 도지코인 가격은 계속 내리막길을 걸었으며, 2015년 5월에는 0.00009달러까지 떨어져 고점으로부터 95% 하락하였다.

그러나 2017년 말의 암호화폐 상승장에 힘입어 도지코인은 다시 0.17달러까지 상승했다. 이는 저점에서 약 190배나 상승한 가격이었다. 그러나 잠깐의 상승기를 넘기고 다시 하락장으로 돌입, 2020년 3월에는 0.0016달러까지 떨어져 고점으로부터 99% 하락했다. 그러다 2021년 상승장에서 도지코인은 0.7달러까지, 즉 저점 대비 430배가량 상승했으며 다시 90% 이상 하락하여 0.06달러까지 떨어졌다.

도지코인의 역사를 보면, 100분의 1 수준으로의 하락과 100배 상승이 반복되는 패턴이 자주 나타난다. 다른 알트코인들도 이와 크게 다르지 않다. 수많은 알트코인들이 수십 배씩 상승했다가 또 그만큼 급락한다. 이러한 높은 변동성은 많은 사람들에게 일확

[그림 40] 2014년 1월 코인마켓캡 순위(1~20위)

Rank	Name	Symbol	Market Cap	Price	Circulating Supply	Volume (24h)	% 1h	% 24h	% 7d
1	Bitcoin	BTC	$11,379,661,042.38	$933.53	12,189,925 BTC	$72,898,520.00	0.25%	8.36%	25.84%
2	Litecoin	LTC	$659,900,583.81	$26.83	24,595,942 LTC	$29,995,030.00	0.21%	6.49%	11.95%
3	XRP	XRP	$197,241,280.51	$0.02523	7,817,889,792 XRP *	$200,438.34	0.27%	-10.38%	-7.10%
4	Peercoin	PPC	$152,073,508.09	$7.23	21,019,558 PPC	$5,371,518.00	0.01%	-0.37%	70.51%
5	Omni	OMNI	$110,826,236.25	$178.90	619,478 OMNI *	$53,876.25	0.14%	1.13%	0.75%
6	Nxt	NXT	$63,360,014.02	$0.06336	999,998,016 NXT *	$282,059.97	-0.86%	-2.10%	19.68%
7	Namecoin	NMC	$60,232,061.64	$7.84	7,681,043 NMC	$3,727,008.00	0.24%	0.73%	57.11%
8	BitShares PTS	PTS	$24,630,584.87	$19.31	1,275,693 PTS *	$54,438.93	1.34%	0.00%	-2.63%
9	Quark	QRK	$21,670,928.49	$0.08771	247,062,160 QRK	$195,178.27	1.25%	-6.83%	-19.96%
10	Megacoin	MEC	$18,931,093.85	$0.8765	21,598,724 MEC	$25,981.06	1.25%	3.63%	2.83%
11	WorldCoin	WDC	$18,084,856.44	$0.4668	38,744,324 WDC	$165,158.55	0.14%	-0.91%	-5.82%
12	Primecoin	XPM	$17,268,335.02	$4.44	3,886,112 XPM	$615,883.06	0.07%	0.13%	67.54%
13	Feathercoin	FTC	$12,636,810.20	$0.4388	28,801,250 FTC	$476,899.94	1.95%	3.89%	30.10%
14	Novacoin	NVC	$9,501,307.08	$17.33	548,374 NVC	$147,133.14	-0.86%	1.94%	26.56%
15	Infinitecoin	IFC	$7,681,401.79	$0.00008586	89,468,878,848 IFC	$46,988.50	-4.88%	1.87%	-20.15%
16	Dogecoin	DOGE	$5,883,637.71	$0.0002707	21,732,997,120 DOGE	$245,107.39	-1.69%	-11.05%	-39.49%
17	NetCoin	NET	$5,099,252.13	$0.02612	195,222,784 NET	$35,669.21	7.71%	11.54%	86.79%
18	Zetacoin	ZET	$4,802,036.74	$0.03012	159,453,056 ZET	$15,687.64	-8.79%	-14.34%	-17.18%
19	Devcoin	DVC	$4,336,895.67	$0.0007188	6,033,370,112 DVC	$10,675.76	-7.65%	-9.03%	13.70%
20	Digitalcoin	DGC	$3,974,764.45	$0.3301	12,041,230 DGC	$62,260.20	0.32%	19.93%	39.83%

출처: https://coinmarketcap.com/

천금의 꿈을 꾸게 하지만 현실은 큰 손실인 경우가 대부분이다.

하지만 높은 변동성보다 더 큰 문제가 있다. 바로 알트코인의 수명이 매우 짧다는 것이다. 2013년부터 지금까지 살아남은 도지코인은 아주 예외적인 사례에 속한다. 암호화폐 초기인 2014년부터 2022년까지, 8년 동안 살아남은 알트코인은 얼마나 될까? [그림 40]은 2014년 1월 초 코인마켓캡 순위 1위에서 20위까지의 코인들을 보여준다. 이 리스트에서 우리에게 익숙한 코인은 비트코인, 라이트코인, 리플, 도지코인 정도밖에 없다. 나머지 코인들은

[그림 41] 2018년 1월 코인마켓캡 순위(1~20위)

Rank	Name	Symbol	Market Cap	Price	Circulating Supply	Volume (24h)	% 1h	% 24h	% 7d
1	Bitcoin	BTC	$276,634,593,972.51	$16,477.59	16,788,537 BTC	$15,865,964,544.00	-0.90%	-5.80%	17.66%
2	XRP	XRP	$130,853,590,978.56	$3.38	38,739,144,847 XRP *	$2,395,150,848.00	0.47%	6.19%	48.45%
3	Ethereum	ETH	$111,670,506,535.05	$1,153.17	96,837,992 ETH	$5,569,883,138.00	2.82%	10.26%	53.07%
4	Bitcoin Cash	BCH	$47,096,268,034.81	$2,786.88	16,899,275 BCH	$1,444,779,648.00	-1.12%	0.55%	10.41%
5	Cardano	ADA	$26,147,944,637.95	$1.01	25,927,070,538 ADA	$226,066,848.00	-0.75%	-1.20%	39.79%
6	NEM	XEM	$16,584,480,283.80	$1.84	8,999,999,999 XEM *	$123,173,224.00	0.88%	11.81%	77.79%
7	Litecoin	LTC	$15,766,509,797.32	$288.45	54,659,308 LTC	$1,055,404,160.00	-0.84%	-3.21%	25.03%
8	TRON	TRX	$13,126,926,719.67	$0.1997	65,748,192,475 TRX *	$1,750,351,744.00	9.57%	15.90%	346.68%
9	Stellar	XLM	$12,508,160,612.42	$0.6996	17,877,858,808 XLM *	$347,556,672.00	1.13%	-0.75%	84.17%
10	IOTA	MIOTA	$11,314,255,332.03	$4.07	2,779,530,283 MIOTA *	$249,833,360.00	-1.92%	2.58%	13.87%
11	Dash	DASH	$10,032,309,521.82	$1,285.43	7,804,616 DASH	$230,575,920.00	0.06%	0.92%	21.89%
12	EOS	EOS	$7,375,464,636.66	$12.52	589,006,616 EOS *	$781,496,768.00	-0.79%	2.13%	43.27%
13	Monero	XMR	$7,154,342,256.35	$459.33	15,575,558 XMR	$282,443,472.00	0.48%	1.59%	32.02%
14	Neo	NEO	$6,657,898,941.04	$102.43	65,000,000 NEO *	$196,621,328.00	0.32%	2.37%	35.56%
15	Qtum	QTUM	$6,328,877,477.53	$85.77	73,791,156 QTUM *	$1,707,138,944.00	-1.07%	6.07%	38.56%
16	Bitcoin Gold	BTG	$5,062,943,203.70	$302.25	16,751,024 BTG	$203,683,648.00	-1.86%	2.74%	15.12%
17	Ethereum Classic	ETC	$4,036,612,035.73	$40.79	98,953,271 ETC	$423,278,192.00	-0.23%	5.26%	37.64%
18	Lisk	LSK	$3,983,197,347.79	$34.11	116,765,592 LSK *	$209,374,160.00	0.88%	8.11%	67.30%
19	ICON	ICX	$3,754,430,020.84	$9.92	378,545,005 ICX *	$283,778,048.00	1.74%	278.3%	85.08%
20	Nano	NANO	$3,532,219,277.17	$26.51	133,248,289 NANO *	$50,381,368.00	-4.05%	-9.24%	24.35%

출처: https://coinmarketcap.com/

이미 역사 속으로 사라졌다.

8년이라는 시간이 너무 길게 느껴진다면 시간을 약간 앞당겨 2018년으로 돌아가보자. [그림 41]은 2018년 1월 코인마켓캡의 20위까지 코인들이다. 상황이 약간 개선되긴 했지만, 현재 인기 있는 코인들과는 상당히 다른 모습이다. 과연 이 코인들이 몇 년 뒤에도 살아남을 수 있을까? 알트코인 생태계에서는 끊임없이 유행이 바뀌고 새로운 도전이 시도되며, 그래서 5년 이상 버티기가 쉽지 않다. 테라처럼 성공적으로 운영되다 한순간에 사라지거나

2014년의 코인들처럼 점차 사람들의 관심을 잃어가며 사라질 수도 있다. 알트코인은 멀리서 보면 장밋빛이지만 가까이에서 보면 피바다다. 이 혈투 속에서 장미를 찾아내기란 결코 쉬운 일이 아니라는 점을 기억해야 한다.

'상장빔'의 달콤한 유혹에 속지 마라

알트코인에 관심을 갖고 투자를 하다 보면 여러 독특한 현상들을 직면하게 된다. 예를 들자면 거래소에 처음 상장되어 가격이 수십에서 수백 퍼센트까지 급등하거나, 끝없이 오를 것 같다가 갑자기 하락하는 현상 등이 있다. 이러한 현상들은 언뜻 보기엔 이해가 되지 않는다. 하지만 그 이면에서 어떤 일들이 일어나는지 알게 된다면 현상을 받아들이고 대응하는 데 도움이 될 것이다.

우선, 알트코인이 거래소에 상장된 후 급등하는, 투자자들이 흔히 '상장빔'이라고 부르는 현상을 알아보자. 코인이 아무리 미래지향적이고 유망해 보여도 실제로 사람들 사이에서 거래가 이루어지지 않는다면 그 코인은 합당한 가치를 평가받을 수 없다. 가령, 어떤 사람이 코인을 100만 개 발행하고 코인 한 개에 1만 원이라고 주장해봤자 이 코인이 실질적으로 거래되지 않는다면 그의 재산이 100억 원이라고 말할 수 없는 것과 같은 이치다. 코인은 실제로 거래되면서 제대로 가격을 평가받아야만 비로소 정당한 가치가 매겨진다.

거래소의 역할이 없던 코인 개발 초기에는, 코인이 중고 상품 거래처럼 사고팔리곤 했다. 그러다 보니 텔레그램 방이나 비트코인톡 같은 커뮤니티에서 신생 알트코인들을 흥정하며 거래하는 모습도 흔했다. 그러나 거래소가 일반화된 이후로는 대부분의 사람들이 거래소를 통해 코인을 매매하고 있다. 다시 말해 알트코인이 거래소에 상장되지 않으면 해당 코인을 현금화하거나 다른 자산, 예를 들어 비트코인으로 바꿀 기회가 거의 없다. 이런 상황에서 그 코인의 가치는 실질적으로 0에 가깝다. 그래서 새로운 알트코인이 거래소에 상장되는 것은 매우 중요한 이벤트이며, 상장이라는 사실 자체만으로도 투자자들에게 호재로 작용한다.

그러나 상장이 항상 좋은 결과만을 가져오지는 않는다. 개중에는 나쁜 상장도 있다. 사기성 코인의 '나 홀로 상장'이 대표적인 예다. 사기성 코인을 홍보하는 사람들 입장에서는 코인이 상장되어 거래되고 있다는 점을 투자자이자 잠재적 피해자들에게 납득시켜야 한다. 상장이 되기만 한다면 '상장빔'에 의해 몇 배 이상 가격이 상승할 것이라고 꼬드기기도 한다. 하지만 이러한 코인이 상장되는 거래소는 운영사가 자체적으로 만들었거나 혹은 모종의 관계에 있는 회사를 통해 만든 경우가 대다수이며, 사기성 코인은 그 거래소에만 상장된다. 이는 형식적으로는 상장이지만 실질적으로는 '시장'이라는 다수의 구매자들에게 평가받는 형태가 아니기 때문에 본질적으로는 상장이라 할 수 없다.

상장과 관련된 현상을 유심히 관찰해본 사람이라면 어떤 거래소에 상장하는지에 따라 가격 결정에 차이가 발생함을 알 수 있을 것이다. 바이낸스 같은 글로벌 톱 거래소에 상장되면 가격이 크게 오르는 반면, 국내 중소 규모 거래소에 상장되면 그런 현상이 크게 나타나지 않는다. 이것을 보면 같은 상장이라도 무언가 다른 점이 있어 보인다. 왜 이런 차이가 발생하는 것일까?

상장의 본질을 생각해보면 답은 생각보다 간단하다. 바로 유동성 차이다. 상장이란 본질적으로 두 경제 생태계를 연결해주는 과정이다. 이때 두 경제 생태계는 '거래쌍'이라는 형태로 표현된다. 예를 들어 DOGE-USD는 도지코인과 미국 달러화라는 두 생태계를 연결하고, DOGE-BTC는 도지코인과 비트코인을 연결한다. 그렇다면 예시로 든 달러USD와 비트코인BTC 중 어느 쪽이 더 큰 영향력을 가질까? 당연히 달러다. 비트코인 생태계보다 달러 생태계의 규모가 훨씬 더 크고, 생태계 내에서 움직이는 돈(유동성)의 규모도 더 크기 때문이다. 마찬가지로 어떤 코인이 대한민국 원화 KRW로 상장할 때보다 달러로 상장할 때 큰 영향력을 가진다.

이러한 유동성은 거래소별로도 차이가 있다. 2022년 말 기준 세계 최대 규모의 거래소인 바이낸스의 일 거래량은 141억 달러인 반면, 국내 최대 규모의 거래소인 업비트는 18억 달러로 바이낸스의 약 8분의 1 수준이다. 그리고 국내 2위 거래소인 빗썸의 일 거래량은 업비트의 3분의 1 수준인 6억 달러에 불과하다. 각 거래소마다 거래하기 위해 모인 자금의 규모가 다르기 때문에 같은 코인이라도 어느 거래소에 상장되느냐에 따라 노출되는 투자금 규모가 달라진다.

종합하면 상장빔은 알트코인이 새로운 유동성에 노출되기 때문에 발생하며, 상장되는 거래소와 해당되는 거래쌍의 유동성에 따라 그 영향력의 크기가 결정된다. 그러나 많은 경우 상장과 동시에 일어나는 가격 급등은 과열되는 경향이 있어 단순히 '상장빔'을 쫓아다니는 행동은 현명한 선택이라고 보기 어렵다.

가장 경계해야 할 '묻지 마 매수'

지금은 그렇지 않은 느낌이지만 예전에는 '펌앤덤'이라는 말이 많이 쓰였다. 펌앤덤은 펌핑 앤 덤핑Pumping and dumping의 줄임말로 펌핑은 펌프질하듯 가격을 끌어올린다는 의미고, 덤핑은 쓰레기를 내던져 버리듯이 가격을 내동댕이치며 하락시킨다는 의미다.

펌앤덤은 주로 부정적인 의미로 쓰인다. 자연스럽게 코인 가격이 올라가도록 내버려두는 게 아니라 인위적으로 올린다는 의미를 담고 있기 때문이다. 펌핑을 주도하는 주체는 가격을 상승시키기 위해 주로 마켓메이킹Market making이라는 작업을 한다. 일반적인 투자 영역에서 마켓메이킹은 유동성을 공급하고 시장을 조성하는 행위로, 중립적인 의미로 쓰인다. 그러나 암호화폐 영역에서는 규제의 허점을 파고들어 시장가격을 조작한다는 부정적인 의미가 더 강하다. 마켓메이킹에는 수십에서 수백억에 이르는 자금이 투입되며, 이 자금으로 악질적인 마켓메이커는 코인을 매매하면서 가격을 상승시킨다. 코인의 규모가 클수록 마켓메이킹에 들어가는 자금도 증가하기 때문에 마켓메이킹을 활용한 펌핑은 주로 규모가 작은 알트코인에서 이루어진다.

가격이 상승하기 시작하면, 높은 수익률에 이끌려 일반 투자자들이 들어오기 시작한다. 코인 커뮤니티에서는 "가즈아~"라는 외침이 나오고, 단기 수익을 추구하는 '묻지 마 매수'가 시작된다. 그러나 펌핑을 주도한 주체가 충분한 투자자가 모였다고 판단하는 순간, 대량의 코인이 덤핑되며 가격은 급격히 하락한다. 이러한 펌앤덤을 주도한 측은 이를 통해 이익을 얻지만 대다수의 투자자들은 갑작스러운 가격 하락으로 큰 손실을 입게 된다.

[그림 42] 얼랏코인의 시세 그래프

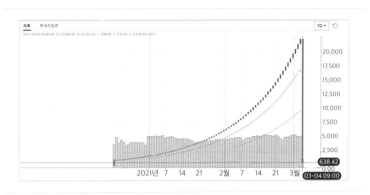

2021년 3월에 있었던 얼랏ALT코인 사건은 이러한 펌앤덤의 대표적인 사례로 꼽힌다. 너무 대놓고 펌앤덤이 이루어졌다는 게 문제이긴 하지만 말이다. 2020년 12월 상장되며 상장빔을 보여준 이 코인은 그 이후 4개월 동안 꾸준히 펌핑이 이루어지면서 상장 초기 1,000원에 가까웠던 가격이 2만 원 이상까지 상승했다. 그러다 2021년 3월 4일, 불과 5분도 안 되는 순간에 2만 원에서 1,000원 이하로 급락했다. 덤핑이 이루어졌기 때문이다.

알트코인의 역사에는 자연스러운 상승과 하락이 아닌 이러한 '펌앤덤'이 무수히 많이 등장한다. 그래서 단순하게 코인 가격 상승에 열광하다가는 사기 집단의 희생양이 되기 쉽다. 펌핑에 속지 않아야 덤핑의 피해자가 되지 않는다.

올바른 알트코인 접근 방법

그러면 알트코인에는 어떻게 접근해야 안전할까? 정해진 정답은 없다. 어떤 사람들은 자신의 직관에 의존하며, 어떤 사람들은 철저한 분석에 기반한다. 때론 동일한 방법을 사용하더라도 어떤 사람들은 실패하고 어떤 사람들은 성공한다. 이렇듯 알트코인을 분석하고 제대로 투자하기란 매우 어려운 것이 사실이다.

여기에서는 그중에서 그나마 일반적으로 중요하다고 여겨지는 몇 가지 방법을 소개하려 한다. 그러나 여기서 소개하는 방법이 만능은 아니라는 점을 반드시 유념해야 할 것이다.

기술적 접근: 깃허브와 백서 살펴보기

알트코인을 분석하는 대표적인 방법 중 하나는 기술적 접근이다. 알트코인이 어떤 기술을 개발하고 있고, 그 기술이 얼마나 유망하며, 실제로 목표로 한 기술이 계획대로 개발되고 있는지 확인하는 것이다. 이 방법은 상당히 전문적인 지식을 필요로 하기 때문에 일반인이 쉽게 따라하기는 어렵다. 그러나 알아두어서 나쁠 것은 없으니 간단하게나마 살펴보도록 하자.

먼저 해당 코인의 백서를 확인해야 한다. 백서 내용 중에서도 이 알트코인 프로젝트가 기존 블록체인 기술에 대해 어떤 문제의

식을 가지고 있는지, 그리고 그걸 어떻게 해결하려고 하는지를 살펴봐야 한다. 지캐시의 백서를 예로 들어보자. 백서 초록에는 다음과 같은 내용이 담겨 있다.

비트코인은 대중적으로 받아들여진 최초의 디지털 화폐다. 비트코인에서 지급결제가 가명으로 이루어지긴 하지만 비트코인은 강력한 개인정보 보호를 제공하지 못한다. 거래가 공개된 장부에 기록되고 그 장부에서 정보들을 추론해낼 수 있기 때문이다. 제로코인은 전송자와 거래 내역을 분리시킴으로써 일부 개인정보 보호 이슈를 해결하려고 했다. 그러나 여전히 수신자와 금액이 노출되는 한계가 있었다. 우리는 강력한 개인정보 보호 기능을 가진 디지털 화폐를 설계할 것이다. 우리의 결과물은 가장 진보한 기술인 간결한 비상호적 영지식 증명zk-SNARKs을 활용한다.

지캐시의 백서는 비트코인의 개인정보 보호 문제와 제로코인의 부족한 점을 지적하며, 이러한 문제를 해결하기 위해 'zk-SNARKs'라는 기술을 활용한다고 설명하고 있다. 그리고 백서의 본문에는 이 기술이 어떻게 개인정보를 보호하는지에 대한 복잡한 수학적 설명이 포함되어 있다. 이런 수학적 설명을 일반인이 완전히 이해하기란 어렵지만 기존의 코인들에 기술적으로 어떤 문제가 있고 이를 어떻게 해결하려는지에 대해 대략적으로 이해하는 일은 가능하다.

여기서 한 가지 추가로 고려해야 하는 점이 있다. 백서에서 제시하는 기술적 해결책이 정말로 혁신적인 것인지, 아니면 이미 존재하는 다른 기술을 조금만 바꿔 만든 유사품인지를 구분해야 한다. 예를 들어 비트코인의 블록 생성 시간(블록타임)이 10분인데 이를 5분으로 줄였다고 홍보하는 경우, 이는 그다지 혁신적이지 않다고 볼 수 있다. 블록 생성 시간을 10분에서 5분으로 줄이는 것이 기술적으로 그렇게 어려운 일은 아니기 때문이다. 비트코인의 코드를 복사하고, 그 안에서 10분으로 설정된 값을 5분으로 바꾸면 그것으로 끝이다. 그래서 백서에 나온 내용을 곧이곧대로 다 믿지 말고 비판적으로 바라보는 시각도 필요하다. 이러한 능력을 기르기 위해서는 해당 분야에 대한 기본적인 이해와 함께 최신 연구와 기술 동향을 잘 파악해두어야 한다.

백서를 확인한 다음에는 개발이 이루어지고 있는 깃허브 (https://github.com)를 확인할 필요가 있다. 사실 깃허브는 생각보다 복잡한 구조로 이루어져 있어서 개발자가 아닌 이상 어떤 개발이 이루어지고 있는지, 개발진의 실력과 참여도는 어느 정도인지 등의 자세한 내용을 들여다보기 어렵긴 하다. 그래도 일반인이 깃허브를 활용할 수 있는 여지가 없지는 않다. 경험상 가장 유용하다고 생각하는 부분은 '이슈Issue' 코너다. 여기에서는 각종 버그에 대한 리포트와 개발 진행에 대한 토론들이 이루어지는데 영어만 할 줄 안다면(혹은 번역기의 도움을 빌린다면) 이 이슈란에서 어떤 내용들이 오가는지 조금이나마 파악할 수 있다. 이를 통해 개발자들의 실력과 프로젝트를 대하는 태도를 간접적으로 느낄 수 있을 것이다. 항상 그렇지는 않지만, 대체로 세부적인 테스트가 자주 이루어질수록 건강한 프로젝트라고 판단할 수 있다. 그만큼 에너지는 많이 들어가지만 꼼꼼하고 진지하게 프로젝트를 진행한다는 의미로 볼 수 있기 때문이다. 또한 이슈란에는 '마일스톤Milestone'이라는 항목도 있는데 여기를 잘 살펴보면 앞으로의 개발이 어떻게 진행될지 가늠할 수 있다.

한 가지 더 따져봐야 할 것은 개발의 활발함이다. '인사이트Insight' 탭에서 '커미트Commit' 부분에 들어가면 개발 활동이 얼마나 자주 일어나는지 알 수 있다. 그러나 개발이 많이 일어난다고 해서 반드시 좋은 것만은 아니다. 다른 프로젝트에서 개발된 코드를 단순 적용하는 것이 주요 활동인 프로젝트도 있기 때문이다. 이런 경우는 수치상으로는 활발하지만 실제로는 알맹이가 없는 개발인 셈이다. 일부 사기성 프로젝트에서는 투자자들에게 코인을 판매할 당시에만 개발이 활발해 보이도록 포장하고, '덤핑'이 이루어진 뒤에는 개발을 방치하는 사례도 있으니 유의해야 한다.

'왜 블록체인을 사용하는가?' 질문하기

또 다른 접근법은 "왜 블록체인을 사용하는가?"라는 중요한 질문에서 시작한다. 어떤 프로젝트가 블록체인 기술을 사용하고 있다 하더라도 잘 생각해보면 굳이 블록체인을 이용하지 않아도 상관없는 경우가 있다. 또는 실제로 블록체인이 필요한 부분에는 주목하지 않고 오히려 관련 없는 부분에 초점을 맞추는 경우도 있다.

예를 들어 쇼핑을 통해 쌓은 마일리지 포인트를 블록체인 토큰으로 지급한다고 가정해보자. 블록체인을 사용해야 하는 이유가 정확히 무엇인가? 이 토큰을 현금화하고자 하는 것인가? 마일리지 자체가 이미 현금처럼 사용되고 있는 상황에서 현금화를 목적으로 내세운다면 그것은 충분한 답변이 되지 못한다. 만약 현금화가 목표라면, 마일리지를 이용하여 상품권을 구매하도록 하는 방법도 있기 때문에 블록체인이 굳이 필요하지 않다. 그러나 동일한 서비스라 할지라도 지리적 경계를 넘는 블록체인의 특성을 활용하여 글로벌 서비스를 제공한다는 비전을 제시하거나, 블록체인의 투명성을 이용해 마일리지 관리를 투명하게 하고자 한다는 목적을 밝힌다면 이는 합리적인 답이 될 수 있다.

그러나 때로는 블록체인이 중요한 역할을 할 수 있음에도 제도적 장애에 부딪치기도 한다. 익명 전송이 대표적인 예다. 사이퍼펑크 선언에 따르면, 익명성은 열린 사회를 만드는 데 중추적인 역할을 하는 요소 중 하나이며, 블록체인은 이를 완벽하게 지원하는 기술이다. 그러나 현실에서는 이러한 익명성을 활용한 전송이 돈세탁이나 불법 자금 이동 등에 악용될 소지가 높기 때문에 제도를 통해 금지하는 경향이 있다. 실제로 우리나라에서는 익명코인 거래가 금지되어 모든 거래소에서 상장이 폐지된 상태다.

"왜 블록체인을 사용하는가?"라는 질문에 대한 정답을 찾기란 쉽지 않다. 따라서 조금 다른 방식의 접근법이 필요하다. 한 블록체인 전문가는 이에 대해 소거법을 제시한다. 객관식 문제를 풀 때처럼 블록체인이 왜 필요한지를 찾기보다는 확실히 틀린 답을 먼저 제거하라는 것이다. 명확히 틀린 답을 제외하면 정답을 찾을 확률이 높아진다. 그러나 이 질문에 대한 답은 사람마다 다를 수 있다. 블록체인에 대한 개인적인 정의와 중요하게 생각하는 요소, 그리고 그 범위에 따라 답이 달라질 수 있다. 따라서 이 질문에 대한 답을 찾아가는 과정에는 서로 다른 견해를 공유하고 이해하며 소통하는 열린 마음이 필요하다.

Chapter 08
변동성 문제를 해결한
스테이블코인의 출현

암호화폐를 부정적으로 바라보는 사람들이 가장 많이 언급하는 단점 중 하나는 높은 변동성이다. 비트코인만 하더라도 50% 이상의 하락이 흔히 발생하고 알트코인은 90% 이상 하락도 심심찮게 발생하는데, 주식이나 채권에 투자하는 사람들의 시각에서 보면 이러한 가격 변화는 상상도 못할 수준이다. 투자 대상으로서 암호화폐가 가진 높은 변동성은 단점과 장점을 동시에 갖는다. 가격이 하락해서 크게 손해를 볼 수도 있지만 반대로 좋은 시점에 매수하면 큰 이익을 볼 수도 있기 때문이다.

그러나 암호화폐가 가치의 저장 수단 혹은 결제 수단으로 사용될 경우 그 변동성은 대체로 단점으로 작용한다. 1억 원을 미래를 위해 저축했는데, 어느 날 갑자기 그 가치가 절반으로 떨어진다면, 사람들은 더 이상 그것을 가치 저장 수단으로 사용하지 않을 것이다. 결제 수단일 때도 마찬가지다. 만약 10만 원어치 코인을 받고 상품을 팔았는데, 다음 날 그 코인을 팔아 재료를 사려고 했더니 그 가치가 5만 원뿐이라면 결제 수단으로서의 적합성에 의문을 가질 수밖에 없다. 이상적인 가치 저장과 결제 수단이라면 1억 원을 저축했을 때 물가 상승을 고려해 그 가치가 항상 1억 원에 근접해야 하며, 10만 원을 결제 수단으로 받았다면 다음 날 사용할 때 그 가치가 10만 원이어야 한다. 그러나 일반적인 코인들은 이러한 조건들을 만족시키지 못한다.

이에 대한 해결 방안으로 나타난 것이 스테이블코인이다. 스테이블코인은 블록체인 기술을 기반으로 한 토큰이지만 가격은 일정하게 유지된다. 테더Tether, USDT는 이러한 스테이블코인의 한 예로 특별한 상황이 아닌 경우에는 항상 1달러의 가치를 유지한다. 이런 스테이블코인은 가격이 안정적Stable이기 때문에 '스테이블코인'이라는 이름이 붙었으며, 가격이 특정한 기준에 고정Peg되어 있어 '가격 고정 코인Price-pegged coin'이라고도 불린다.

스테이블코인의 종류와 작동 원리

스테이블코인은 그 가격을 유지하는 방식에 따라 자산 기반 Asset-backed과 알고리즘 기반Algorithmic으로 분류된다. 이 두 방식은 모두 스테이블코인이라는 범주에 속해 있지만 그 성질과 특성이 전혀 다르므로, 실질적으로는 서로 다른 종류의 코인이라 할 수 있다. 이제 각각의 방식이 작동하는 원리와 그 장단점을 알아보도록 하자.

자산 기반 스테이블코인

자산 기반 스테이블코인은 현재 가장 널리 쓰이는 방식으로, 코인이 가격을 유지하는 방식은 아주 단순하다. 대상이 되는 자산과 1 대 1 교환을 해주는 것이다. 자산 기반 스테이블코인의 대표적인 예인 테더와 USD코인USDC은 미국 달러에 가치가 고정되어 있다. 그렇기 때문에 두 코인은 언제든지 미국 달러와 교환 가능하다. 예를 들어, 내가 100USDC를 USDC 발행사에 보내면 발행사는 나의 달러 계좌에 100달러를 입금해준다(물론 미국에 계좌가 있는 경우에 한해서 가능하다). 만일 내가 100USDC를 발행하고 싶다면 발행사의 계좌에 100달러를 송금하면 된다. 우리가 일상에서 사용하는 상품권이나 카카오페이, 네이버페이와 같은 충전식

전자지급 수단과 비슷한 방식이다. 차이점이라면 테더나 USDC는 블록체인을 활용한다는 것이고, 카카오페이나 네이버페이는 각자의 회사 서버를 이용한다는 점뿐이다.

그렇다면 자산 기반 스테이블코인의 가격이 상승하게 되면 어떠한 일이 일어날까? 만약 누군가가 테더를 대량으로 매입하여 1달러보다 높은 가격인 1.1달러에 거래된다고 가정해보자. 그럼 이성적인 투자자는 1.1달러에 테더를 구매하지 않고, 1달러에 테더를 새로 발행하여 시장에서 1.1달러에 팔아 10%의 이익을 취할 것이다. 누군가가 대량의 테더를 매도하여 그 가격이 0.9달러에 거래된다고 가정하면 반대의 일이 벌어진다. 이성적인 투자자는 시장에서 0.9달러에 테더를 구매한 뒤 이를 테더 운영사에 반환해 1달러를 받고 그렇게 약 10%의 이익을 얻는다. 결과적으로 합리적인 투자자들이 모여 있는 시장에서 자산 기반 스테이블코인은 가격이 크게 요동치지 않는다.

그러나 이 방식에도 단점은 존재한다. 가장 큰 단점은 거래 상대방 위험Counterparty risk이다. 어려운 용어를 써서 그렇지 쉽게 말하면 '먹튀'가 발생할 수 있다는 얘기다. 자산 기반 스테이블코인이 가치를 유지하는 이유는 발행할 때 맡겨놓은 달러 등의 자산을 언제든 찾아올 수 있다는 보장이 있기 때문이다. 그런데 만일 달러를 보관하고 있는 테더 운영사가 자금을 횡령하여 도주하게 된다면 어떻게 될까? 이 경우 테더를 보유한 사람들은 테더를 달러로 환전할 수 없게 되고, 결국 테더의 가격은 하락하게 된다. 최악의 시나리오는 가격이 0까지 떨어지는 것이다.

따라서 자산 기반 스테이블코인에서는 발행사에 대한 신뢰가 매우 중요하다. 이 신뢰가 무너지게 된다면 가격이 순식간에 하락할 수 있다. 실제로 테더는 발행사에 대한 신뢰 문제로 한때 가격이 0.9달러까지 떨어지는 등의 사태를 겪었다. 신뢰 없이 운영될 수 있는 것이 목표인 블록체인 생태계에서 신뢰 없이는 유지가 불가능하다는 점 때문에 자산 기반 스테이블코인은 초창기에 이단으로 인식되기도 했다. 그러나 지금은 블록체인 생태계에서 중요한 위치를 차지하며 그 일원으로 인정받고 있다.

알고리즘 기반 스테이블코인

알고리즘 기반 스테이블코인은 자산 기반 스테이블코인보다 상대적으로 복잡하고 이해하기 어렵다. 그 종류도 다양해서 일률적으로 설명하기에는 약간 무리가 있다. 그래서 여기에서는 각 알고리즘 기반 스테이블코인에 대한 자세한 설명보다는 개략적인 원리를 중심으로 살펴보려 한다.

알고리즘 기반 스테이블코인의 주요 특성은 신뢰(또는 '먹튀') 문제를 해결하면서도 가격을 일정하게 유지하는 것이다. 여기서 일정한 가격을 유지한다는 점은 모든 알고리즘 기반 스테이블코인이 공통으로 갖는 목표지만 거기에 이르는 방법은 다양하다. 어떤 스테이블코인은 수요와 공급을 조정하는 방식을 사용하고, 다른 스테이블코인은 다른 암호화폐를 담보로 받는 방식을 사용하며, 또 다른 스테이블코인은 미래의 수익을 현재로 이전하는 방식을 사용한다. 이 모든 과정은 블록체인 코드에 의해 자동으로 이루어진다.

담보를 맡기는 방식을 사용하는 스테이블코인을 예로 들어보자. 1달러짜리 스테이블코인을 발행하기 위해 사용자는 1달러 이상의 암호화폐를 담보로 맡긴다. 적게는 1.5달러부터 많게는 4달러까지 그 범위는 다양하다. 이렇게 하는 이유는 담보로 맡긴 코인 가격이 하락해서 담보가치가 하락할 가능성이 있기 때문이다. 이는 우리가 담보대출을 받을 때 담보물 가격의 일정 부분까지만 대출을 받을 수 있는 것과 그 원리가 같다(뉴스에서 말하는 LTVLoan To Value ratio가 바로 이것이다). 담보물 가격이 1달러만 넘는다면 이 담보물을 기반으로 발행된 스테이블코인은 최소한 1달러를 유지할 수 있다. 이러한 방식을 블록체인 코드에 구현하여 은행이나 운영사 없이 자동으로 운영되게 하는 것이 알고리즘 기반 스테이블코인이다.

알고리즘 기반 스테이블코인은 신뢰 문제를 해결했다는 점에서 장점이 있다. 그러나 이 방식은 복잡하고, 무엇보다도 가격 안정성이 떨어진다는 단점을 가진다. 담보를 발행 가치의 10배로 잡아도 그 코인이 90% 이상 떨어지면(알트코인은 99% 하락도 종종 발생한다는 점을 기억하자) 담보물의 가치가 1달러 아래로 떨어지기 때문이다. 담보물 가치가 부족해지면 알고리즘 기반 스테이블코인의 가격이 1달러 아래로 떨어지게 된다. 이러한 현상을 디페깅De-pegging이라고 한다. 디페깅은 부정의 의미를 나타내는 접두어 'De'에 고정한다는 의미를 가진 'Peg'를 합쳐서 가격 고정에 실패했음을 표현한 용어다.

지금까지 다양한 알고리즘 기반 스테이블코인이 등장했으나 대부분이 몇 년을 넘기지 못하고 역사 속으로 사라졌다. 알고리즘 기반 스테이블코인이 신선한 실험인 것은 분명하나 아직 제대로 성공한 사례는 없다. 그래서인지 초기에 나온 스테이블코인 중 알고리즘 기반 코인의 비중은 현재 많이 줄어든 상태다.

법정화폐와 암호화폐를 연결해주는 다리

스테이블코인은 가격이 고정되어 있다는 점에서 투자 용도로 이용하기엔 부적합하다. 제대로 작동한다면 스테이블코인 1달러는 언제나 1달러이기 때문에 수익을 전혀 기대할 수 없기 때문이다. 그러나 스테이블코인은 다른 측면에서 암호화폐 시장에서 중요한 역할을 담당한다.

과거의 암호화폐 생태계는 우리가 일반적으로 쓰는 법정화폐와 거의 단절되어 있었다. 거래소라는 창구가 있긴 했지만 앞에서 설명했듯이 신뢰 문제와 각종 사건들로 인해 안심하고 사용하기에는 어려웠다. 그러나 스테이블코인이 등장하면서 암호화폐 생태계와 법정화폐가 유기적으로 연결되기 시작했다. 스테이블코인, 그중에서도 특히 자산 기반 스테이블코인은 기술적 형태는 블록체인 토큰이지만 특성은 법정화폐에 가깝기 때문에 전혀 다른 두 생태계를 연결하는 다리 역할을 수행하게 되었다.

스테이블코인이 암호화폐와 법정화폐를 연결해주면서 상대적으로 수혜를 입은 쪽은 암호화폐 생태계다. 법정화폐 생태계에 비해 암호화폐 생태계는 규모도 작고 초기시장에 불과하다. 그리고 돈은 더 크고 발달된 시장에서 더 작고 덜 발달된 시장으로 흐르는 속성을 가지고 있다. 이전에는 두 생태계를 가로막는 벽이 있어 자금 이동이 활발하지 않았지만, 스테이블코인이 두 생태계를 연결해줌으로써 법정화폐 생태계의 많은 자원이 암호화폐로 유입되기 시작했다. 실제로 2019년 초에 스테이블코인의 시가총액은 27억 달러에 불과했으나 3년 뒤인 2022년에는 1,643억 달러(약

220조 원)로 60배 이상 증가했다. 어쩌면 2019년 이후 암호화폐 생태계 호황의 상당 부분은 스테이블코인 덕분일지도 모른다.

스테이블코인은 암호화폐 생태계에서 자금 유출을 방지하는 역할을 하기도 한다. 변동성이 큰 암호화폐에 투자하다 보면 때로는 투자를 잠시 쉬고 현금화를 해야 할 때가 있다. 그러나 암호화폐를 팔아 현금으로 전환하는 순간 수익이 발생하고 그것은 과세 대상이 된다. 세금이 많이 부과된다면 현금화를 하지 않는 것이 더 유리하겠지만, 반대로 현금화를 하지 않으면 변동성에 계속 노출되어 투자 위험이 커질 수 있다. 이러한 진퇴양난의 상황에서 스테이블코인은 좋은 대안이 된다. 스테이블코인을 통해 변동성이 큰 투자를 잠시 중단할 수 있으면서도 법정화폐로 현금화하지 않고 그 상태를 유지할 수 있는 것이다.

예를 들어 1비트코인을 3만 달러에 판매하여 1만 달러의 이익을 얻었다고 하자. 이 경우 세금을 내야 하지만, 만약 3만 달러를 USDC로 바꾸면, USDC는 법정화폐가 아니므로 과세 대상이 아니다. 물론 이후에 USDC를 달러로 변환한다면 세금을 납부해야 하겠지만, 그것은 후에 이루어질 일이다. 만약 나중에 다시 비트코인을 구매할 계획이 있다면 USDC로 교환해 두 번의 세금 부담을 피하는 것이 더 현명한 방안이다. 이처럼 스테이블코인 덕분에 투자자들은 더 똑똑한 투자를 할 수 있게 되었고, 암호화폐 생태계는 풍부한 유동성을 간직할 수 있게 되었다.

도태된 코인과 진화한 코인들

스테이블코인의 역사는 생각보다 길다. 최초의 스테이블코인은 비트USD BitUSD라는 코인으로, 2014년 7월에 비트셰어Bitshares 블록체인을 기반으로 출시되었다. 같은 해 9월에는 누비트NuBits라는 스테이블코인이 출시되었다. 그러나 이 두 코인은 현재 존재하지 않는다. 알고리즘으로 수요와 공급을 조절하는 방식인 누비트는 2016년 심각한 가격 하락과 함께 사라졌고, 비트USD는 비트셰어가 몰락하면서 함께 소멸의 길을 걸었다.

지금까지 남아 있는 스테이블코인 중 가장 오래된 코인은 테더다. 테더는 2015년 3월 출시된 이후로 꾸준히 성장을 거듭해 현재는 시가총액 5위 안에 드는 초대형 코인이 되었다. 처음에는 비트코인 네트워크 위에서 컬러드코인Colored coin이라는 형식으로 출시되었으나, 지금은 대부분 이더리움 블록체인 위에서 발행되고 있다.

하지만 자산 기반 스테이블코인인 테더는 여전히 신뢰 문제에서 자유롭지 못하다. 테더는 홍콩에 기반을 둔 거래소인 비트파이넥스의 전폭적인 지지를 받아 초반에 크게 성장했으나, 미국 달러 기반 스테이블코인이 미국 제도권 밖에서 발행되었다는 점에서 운영사에 대한 감사나 규제의 빈약이 꾸준히 문제로 지적됐다. 때때로 예치된 금액을 초과하여 발행하고 있는 것은 아닌지 의문이 제기됐고, 그럴 때마다 테더의 가격은 약간씩 흔들리곤 했다. 다행히 현재 테더 측은 이러한 의혹을 해소하기 위해 매월 감사 보고서를 발행함으로써 투명성을 향상시키고 있다.

테더 다음으로 영향력이 큰 스테이블코인은 2018년에 출시된 USDC다. USDC는 미국 보스톤에 기반을 둔 금융사인 서클Circle이 발행한다. 미국에 기반을 둔 금융기업이기 때문에 자연스럽게 서클은 미국의 규제를 준수하기 위해 많은 노력을 기울이고 있다. 뉴욕주에서 시행된 암호화폐 취급 자격인 비트라이센스를 최초로 획득하기도 했고, 미국 증권거래위원회SEC와도 업무적으로 긴밀한 관계를 유지하고 있다. 이용자들의 신뢰를 얻기 위해 준비금 보고서도 정기적으로 발행하고 있고, 필요하면 외부 감사도 적극적으로 활용한다.

USDC는 자산 기반 스테이블코인의 최대 약점인 신뢰 문제를 테더보다는 상대적으로 많이 해소했지만, 오히려 너무 규제를 잘 따른다는 점이 단점이다. 블록체인은 기본적으로 제3자에 대한 신뢰가 필요하지 않은 탈중앙화 시스템을 추구하는데, USDC는 그러기에는 너무나 중앙집중적이라는 것이다. 미국 정부와 긴밀한 관계를 유지하고 있기에 미국 정부가 작정을 하고 특정인 혹은 특정 집단을 추적하거나 그들의 USDC를 동결하라고 요청한다면 USDC 운영사인 서클은 이를 받아들일 가능성이 있다. 실제로 2022년 8월 미국 재무부가 암호화폐 익명화(믹싱) 프로토콜인 토네이도 캐시를 제재하자 곧바로 44개 주소, 약 4억 3,000만 달러의 자금을 동결하였다.

자산 기반 스테이블코인이 테더와 USDC 양강구도로 정리된 데 비해 알고리즘 기반 스테이블코인은 비트USD 이후로 끊임없는 도전과 실패를 겪고 있다. 비트USD 이후로 알고리즘 스테이블코인의 계보는 스팀달러Steem Backed Dollars, SBD로 이어졌다. 2016년에 시작된 스팀달러는 블록체인 기반 SNS인 스팀잇을 제공하는 스팀코인을 기반으로 한다. 스팀잇에서 활동하는 콘텐츠 크리에이터들에게 보상을 줄 때 스팀달러가 발생하며, 이러한 특성 때문에 스팀달러의 방향성은 다른 알고리즘 스테이블코인과는 조금 다르다.

일반적으로 스테이블코인은 가격이 기준치를 넘어서 상승하거나 하락할 때, 양방향 모두에 대응하는 방안을 가지고 있다. 그러나 스팀달러는 가격이 내려갈 때는 대응할 수 있지만 가격이 기준치를 넘어서 상승할 때는 이를 제어하지 않는다. 스팀달러의 창시자인 댄 라리머Dan Larimer가 이전에 만든 비트USD에서는 양방향 대응이 가능했다는 점을 감안하면 이러한 설계는 의도적으로 보인다. 즉 스팀달러의 주 목적은 크리에이터들이 받은 보상의 가치가 떨어지지 않게 하는 것이란 얘기다. 이 경우 가격이 하락하면 크리에이터들에게 경제적인 손해가 발생하지만 과도하게 상승하면 이익이다. 이러한 특성 때문에 스팀달러의 가격은 최고 14달러까지 올라가기도 했고, 최근 2년 동안은 거의 1달러 이상을 유지하고 있다.

이더리움을 기반으로 한 최초의 알고리즘 스테이블코인인 DAI는 2017년 12월에 출시되었다. 비트USD나 스팀달러와 같이 DAI 역시 암호화폐를 담보로 예치하여 발행하는 방식을 택했는데 이때 담보로 사용된 암호화폐는 이더리움이었다. 비트코인만큼은 아니지만 이더리움은 다른 암호화폐보다 상대적으로 변동성이 적어 DAI는 꽤 오랜 기간 가격을 안정적으로 유지할 수 있었다. 그러나 기나긴 암호화폐 하락장을 DAI 역시 피할 수 없었다. 2018년 초 1,400달러까지 상승했던 이더리움이 2020년 3월에 100달러 초반까지 하락하자 DAI를 지탱하는 담보 가치 또한 급격하게 줄어들었고 스테이블코인으로서 가격 안정성에 의문이 제기되었다. 결국 이더리움을 기반으로 한 DAI는 폐기되었다. 그리고 2019년에 새로운 구조로 출시된 DAI는 살아남아 지금까지 이어져 오고 있다.

새로운 DAI는 이더리움만을 담보로 사용하는 대신 다양한 이더리움 토큰을 활용한다. 그러면 여기서 의문이 하나 생긴다. 다른 토큰이라고 해봤자 모두 암호화폐일 텐데 어차피 변동성은 비슷하게 크지 않을까? 이에 대한 새로운 DAI의 해답은 담보로 사용하는 토큰 중 하나를 자산 기반 스테이블코인인 USDC로 하는 것이다. 그러나 탈중앙화를 목표로 하는 알고리즘 기반 스테이블코인이 그 담보물로 중앙화된 자산 기반 스테이블코인을 사용한다는 점은 매우 역설적이다.

그러나 이 결정은 DAI가 시장에서 살아남기 위한 일종의 타협이라 볼 수 있다. USDC를 담보로 넣기로 한 결정이 내려졌던 시기는 2020년 3월로, 이전 버전의 DAI가 모두 중단된 암호화폐의 혹한기였다. 새로운 DAI를 설계한 사람들은 DAI가 모두 몰락하게 두기보다는 타협을 해서라도 하나라도 살리고자 USDC를 넣은 게 아니었을까? 그러나 현재 DAI에 대한 담보 중 60%가량이 USDC로 구성되어 있어 DAI도 다시 선택을 해야만 하는 순간이 다가오고 있다. 특히 토네이도 캐시 제재를 계기로 DAI가 통제 대상이 된 자산인 USDC와 결별할 수도 있다는 이야기가 흘러 나오고 있고, 만약 그렇게 된다면 DAI는 다시 스테이블코인으로서 시험대에 오를지 모른다.

마지막으로 살펴볼 알고리즘 스테이블코인은 세간에 널리 알려진 테라USD_{UST}다. UST는 무담보 알고리즘 스테이블코인으로 분류되기도 한다. 이전의 알고리즘 스테이블코인들이 암호화폐를 100% 이상의 과담보로 받는 조건으로 발행한 데 비해, UST는 기초 자산인 루나_{LUNA}를 동등한 가치의 UST로 바꿀 수 있다. 그래서 루나 가격이 하락하면 곧바로 담보 부족 상태가 발생하기 때문에 루나 가격이 꾸준히 상승하는 게 가장 중요했다. 불행인지 다행인지 몰라도 루나 가격은 2020년 5월을 제외하고는 대체적으로 상승했으며, UST를 활용한 서비스인 미러 프로토콜과 앵커 프로토콜의 출시로 UST 수요도 증가해 UST는 상당히 오랜 기간 가격 안정성을 유지해왔다.

그러나 2022년 5월, 우리에게 널리 알려진 테라 사태가 발생하면서 루나와 UST는 함께 무너졌다. 이 두 토큰은 사실상 동전의 양면 같은 존재였기에, 루나가 내려가면 UST도 내려가고, UST가 떨어지면 루나도 다시 하락하는 죽음의 소용돌이가 만들어졌다. 상황은 매우 빠르게 파국으로 치달았다. 설상가상으로 이럴 때를 대비해 스테이블코인을 매수하기 위한 준비금을 충분히 확보해두어야 했던 테라폼랩스사는 결국 제 역할을 제대로 수행하지 못했고, UST는 이전의 여러 알고리즘 기반 스테이블코인들과 마찬가지로 역사 속으로 사라졌다.

스테이블코인 구매 방법

만약 여러분이 미국에 살고 있다면 매우 쉽게 스테이블코인을 구매할 수 있다. USDC를 지원하는 코인베이스 같은 사이트에서 USDC를 구입하면 된다. 구입하는 방법도 간단하다. 신원 인증을 한 다음에 은행 계좌와 카드를 등록하면 준비가 완료된다. 그런 다음 구입 버튼을 누르기만 하면 된다. 100USDC를 구입하면 은행이나 카드에서 자동으로 100달러가 빠져나간다. 만약 100USDC를 교환Redeem하면 내 통장으로 100달러가 들어온다. 요즘 우리가 많이 쓰는 '페이'류 서비스를 충전하고 환불하는 방식과 동일하다. 차이가 있다면 이러한 서비스들은 운영사 서버에 잔고 정보가 저장되지만 스테이블코인은 내가 관리하는 블록체인 주소에 직접 저장된다.

만약 미국이 아니라면 조금 귀찮은 과정을 거쳐야 한다. 한 가지 방법은 USDC를 상장한 거래소에서 매수하는 방법이다. 이들 거래소에 현금을 입금한 다음에 코인을 사듯 매수하면 된다. 하지만 환율을 적용하는 데 있어 '김치 프리미엄'이 영향을 줄 수 있어 어떨 때에는 외환 환율보다 높은 값을 지불해야 하기도 한다. 예를 들면 2023년 7월 7일 기준 환율이 1,305원인 반면, 국내 거래소에서 USDC를 매수할 수 있는 가격은 1,330원으로 약 1.9%

의 프리미엄이 붙는다. 비트코인에 대한 김치 프리미엄은 1.6%로 USDC에 붙은 수치와 비슷한 수준이다.

또 다른 방법은 국내에서 코인을 구매한 뒤 USDC나 USDT를 지원하는 해외 거래소로 보내 스테이블코인으로 바꾸는 것이다. 이때는 보통 출금 수수료가 저렴하면서도 충분히 거래량이 많은 리플과 같은 코인을 사용한다. 예를 들어 2023년 7월 7일 업비트에서 리플은 621원이고 바이낸스에서 리플은 USDT 기준으로 0.4673개다. 100만 원을 업비트에 입금해 리플 1,610개를 사고 (621×1,610=999,810) 이를 바이낸스로 출금해 매도하면 752USDT를 얻게 된다(1,610×0.4673=752.353). 그러나 이때에도 국내 거래소를 거치기 때문에 김치 프리미엄은 붙는다. 위 예시에서 USDT 가격을 계산하면 1,328원으로 약 1.7%의 프리미엄이 붙었다. 일반적으로 적은 양의 스테이블코인을 살 때에는 국내 거래소에서 바로 거래하는 게 이익이지만 많은 양을 살 때에는 해외 거래소를 거치는 것이 더 낫다.

Chapter 09

하드포크, 소프트포크, 체인분리

블록체인에 대한 소식을 접하다 보면 때때로 '하드포크Hard fork'라는 용어를 마주치게 된다. 어떤 때는 하드포크로 인해 시세가 들썩이기도 하고, 어떤 때는 시장이 패닉에 빠지기도 한다. 대체 하드포크라는 것이 무엇이길래 이렇게 사람들의 관심을 받는 것일까?

하드포크의 개념을 간단하게 설명하면 기존에 적용되던 규칙을 새로운 규칙으로 변경하는 것을 뜻한다. 예를 들어, 과거 농구 경기에서는 30초 내에 슛을 던져야 했지만 새로운 규칙에 따라 이제는 24초 내에 슛을 던져야 하는 것과 같다. 이처럼 블록체인에서도 블록 생성 시간이 30초에서 15초로 줄어들거나, 블록 생성 방식이 채굴에서 스테이킹으로 전환되는 등의 변경 사항이 하드포크의 대상이 된다.

새로운 규칙으로 갈아타기 vs. 떨어져 나가기

조금 더 이해하기 쉽게 컴퓨터 프로그램 측면에서 설명하자면, 하드포크는 소프트웨어를 업데이트하는 것과 비슷하다. 대부분 블록체인에 새로운 규칙 및 기능을 추가하거나 중요한 버그를 수정하기 위해 하드포크를 실행하기 때문이다.

그러나 일반적인 소프트웨어 업데이트와는 몇 가지 중요한 점에서 차이가 있다. 첫째, 소프트웨어 업데이트는 개인의 컴퓨터에서만 실행하면 되지만 하드포크는 전 세계의 모든 참여자가 업데이트를 수행해야 한다. 둘째, 소프트웨어 업데이트는 프로그램을 일시 중지하고 업데이트를 수행한 후 다시 실행하지만, 하드포크는 블록체인 운영을 멈추지 않은 상태에서 업데이트를 진행한다. 이처럼 하드포크는 그 자체로 고난이도의 작업이며 상당한 위험을 동반한다. 그래서 일부 사람들은 하드포크를 '달리는 말을 갈아타는 것'으로 비유하기도 한다.

이러한 복잡성과 위험성 때문에 하드포크는 통상 오랜 시간을 두고 신중하게 준비되며 진행된다. 시간적 여유가 있어야 전 세계 참여자들이 업데이트를 수행할 수 있고, 충분한 테스트를 통해 예상치 못한 오류를 찾아낼 수 있기 때문이다. 가끔 긴급한 버그가 발생했을 때는 빠른 시간 내에 하드포크가 진행되기도 한다. 대표적인 사례로 비트코인 인플레이션 버그 때 하루 만에 하드포크가 진행된 경우를 들 수 있다.

또한 하드포크는 특정한 업데이트 일시(더 정확하게 말하면 블록번호)를 지정하여 진행한다. 앞서 설명했듯 블록체인 운영을 멈추지 않은 상태에서 진행하기 때문에 그렇다. 만약 특정 시점을 정하지 않으면 어떤 참여자는 새로운 규칙을, 어떤 참여자는 이전 규칙을 가지고 네트워크에 참여하게 되어 혼란이 야기될 수 있다. 이를 방지하기 위해 새로운 규칙이 적용되는 시점을 명시하고 그 시점이 되는 순간 모두 함께 새로운 규칙에 따르기로 합의하는 것이다. 일반적으로 업데이트 코드를 배포할 때 몇 번째 블록에서 하드포크가 진행될 것인지 함께 공지한다.

여기서 확실히 하고 넘어가야 할 것이 하나 있다. 하드포크의 주체가 누구인가에 대한 문제다. 블록체인에서는 주로 블록 생성에 관여하는 참여자들이 하드포크의 직접적인 주체가 된다. 작업증명 알고리즘을 사용하는 코인에서는 채굴자들, 지분증명 알고리즘을 사용하는 코인에서는 스테이킹을 하는 참여자들, 그리고 DPoS 등의 대리인을 선출해 블록 생성을 맡기는 코인에서는 선출된 검증인들이 주체가 된다. 대부분의 일반 사용자들은 블록을 생성하지 않고, 별도로 블록체인 노드를 운영하지 않기 때문에 하드포크를 위해 별도로 업데이트를 할 필요가 없다.

하드포크가 발생하면 이전 규칙에 따라 동작하던 노드(채굴자)들은 규칙을 위반하게 된다. 농구 규칙의 변화를 예로 들어 설명하면, 새 규칙을 무시하고 30초를 기준으로 게임을 이어가는 선수는 24초가 지나도 자신이 규칙을 지키고 있다고 생각할 것이다. 그러나 실제 경기에서 그는 의도치 않게 반복적으로 반칙을 저지르고 있다. 결국 그 선수는 자연스럽게 출전 명단에서 사라지게 될 것이다. 블록체인에서도 마찬가지다. 악의가 없더라도 새로운 규칙을 무시하고 이전 규칙에만 의존하는 노드들은 반칙을 저지르는 플레이어가 되어 네트워크에서 배제된다. 따라서 블록체인 네트워크에 계속 참여하길 원한다면, 하드포크로 적용된 새로운 코드로 업데이트를 해야 한다.

하드포크에 대한 기본적인 설명을 마쳤으니 이제는 소프트포크Soft fork에 대해 알아볼 차례다. 하드포크의 개념을 이해했다면 소프트포크는 더욱 쉽게 이해할 수 있다. 하드포크와 소프트포크 사이에는 단 하나의 차이점만 존재한다. 하드포크는 새로운 규칙을 적용하지 않는 노드들을 반칙자로 간주하고 배제한다. 그러나 소프트포크는 이전 규칙과 새로운 규칙이 호환 가능하기 때문에 코드를 업데이트하지 않아도 계속 블록체인 네트워크에 참여할 수 있다. 이를 하위 호환성Backward compatibility이라 한다. 사실 우리 대부분은 컴퓨터를 사용하면서 하위 호환성을 알게 모르게 경험하고 있다. 문서 작성 프로그램을 업데이트하지 않아도 새롭게 작성된 문서를 열어보는 데 문제가 없는 경우가 대표적이다. 하지만 최신 버전에서 제공하는 새로운 기능은 사용하지 못한다. 블록체인에서의 소프트포크도 이와 비슷하다. 꼭 업데이트하지 않아도 블록체인을 계속 사용할 수 있지만 새로운 기능은 사용하지 못한다.

이러한 하위 호환성 덕분에 소프트포크는 하드포크와 달리 강제성이 없고, 그래서 진행 과정도 상대적으로 안정적이다. 만약 문제가 생긴다면 새로운 버전을 예전 버전으로 돌리기만 하면 된다. 하드포크에서 문제가 발생하면 블록체인 노드 전체를 다시 이전 버전으로 바꾸는 대작업을 벌여야 하는 것에 비하면 훨씬 편하고 안정적이라 할 수 있다.

마지막으로 많은 사람들이 하드포크로 쉽게 오해하는 체인분리Chain split에 대해서도 살펴보자. 원칙적으로 하드포크와 소프트포크는 규칙만 변경하기 때문에, 하드포크나 소프트포크 이후에는 새로운 규칙을 갖는 기준 블록체인만 남게 된다. 그런데 새로운 규칙을 거부하고 옛 규칙을 고수하는 그룹이 있다면 어떻게 될까? 새로운 규칙을 지지하는 그룹과 옛 규칙을 지지하는 그룹 두 개로 나뉠 것이다. 이것이 체인분리다.

체인분리는 새로운 규칙, 즉 하드포크에 반발하여 발생하므로 하드포크와 혼동하기 쉽다. 그러나 하드포크는 블록체인의 '규칙'만 변경하는 것이지만, 체인분리는 블록체인 자체가 두 개로 나뉜다는 근본적인 차이가 있다. 이 세 가지를 시각화하면 아래와 같다.

[그림 43] 하드포크와 소프트포크, 체인분리의 차이

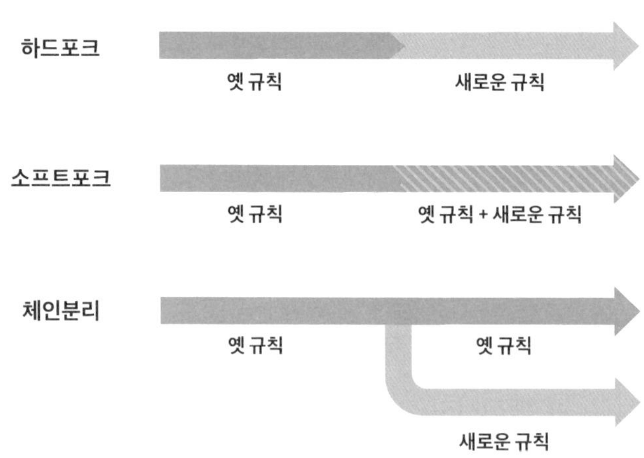

하드포크

옛 규칙　　　　새로운 규칙

소프트포크

옛 규칙　　　　옛 규칙 + 새로운 규칙

체인분리

옛 규칙　　　　옛 규칙

새로운 규칙

주목할 만한 하드포크

최초의 하드포크

블록체인의 역사에서 첫 하드포크는 2010년 7월 31일에 출시된 비트코인 0.3.6 버전이다. 그러나 이 버전은 일부 사용자들에게 문제가 발견되어, 다음 날인 8월 1일에 0.3.7 버전으로 대체되었다. 이전 버전에서는 scriptSig와 scriptPubKey라는 요소를 모두 포함하여 검증했지만, 새로운 버전에서는 scriptSig와 scriptPubKey를 분리하여 scriptSig만으로도 검증이 가능하도록 규칙을 변경했다(갑자기 어려운 단어들이 나왔는데, 그냥 비트코인의 기술적인 요소들이라고만 알고 넘어가자). 여기서 중요한 것은 기술적인 변화보다 '규칙의 변경'이라는 점이다. 이로 인해 이전에는 검증을 통과하지 못했던 방식이 하드포크 이후에는 통과할 수 있게 되었다.

맥스코인의 발행 계획 수정 하드포크

또 다른 의미에서 최초라 할 수 있는 하드포크도 있다. 블록체인 업계의 유명인사인 맥스 카이저Max Keizer가 열렬히 지지를 보낸 맥스코인Maxcoin은 2014년 3월 하드포크를 단행했다. 이때 바뀐 규칙이 당시에는 상당히 충격적이었다. 블록 보상을 96개에서 48개로 줄이고, 총 발행량을 2억 5,000만 개에서 1억 개로 줄이는 것이 그 주요 내용이었기 때문이다. 발행량을 인위적으로 조정하는 이 행위는 블록체인 생태계에서 금기시되었던 일이었다. 애초에 블록체인이 시작된 이유 중 하나가 정부의 자의적인 화폐 발행에 대한 반대였기 때문에, 최초로 코드에서 정한 발행 계획을 이후에 변경하는 것은 스스로를 부정하는 행위로 간주되었다.

그럼에도 불구하고 맥스코인은 과감히 하드포크를 단행했다. 투자자들이 하드포크를 부정적으로 받아들였다면 맥스코인은 시장에서 외면받았을 것이다. 그러나 투자자들은 블록체인의 탈중앙화 정신보다는 공급이 줄어드는 데 따른 이익에 더 주목했다. 투자자들의 긍정적인 반응에 힘입어, 맥스코인의 가격은 0.088달러에서 0.24달러로 급등했다(그러나 한 달 뒤 다시 0.1달러 이하로 하락했다).

하드포크의 관점에서 보면 맥스코인은 기능 추가나 버그 수정 등의 목적에 그쳤던 하드포크의 역할을 발행량과 같은 블록체인의 핵심 규칙을 변경하는 방향으로 확장시켰다. 이로 인해 이전에는 대중에게 잘 알려지지 않았던 하드포크가 관심을 받기 시작했고, 이는 수많은 하드포크가 이루어지는 출발점이 되었다.

The DAO 사태, 하드포크와 체인분리

현재 많은 사람들이 언급하는 히드포그는 엄밀히 말해 하드포크와 체인분리가 동시에 일어나는 현상이다. 앞서 언급한 비트코인이나 맥스코인의 하드포크는 체인분리가 일어나지 않았기 때문에, 현재 일반인들의 시각에서 보면 단순한 업데이트로 보일 수 있다. 그러나 2016년에 발생한 이더리움의 'The DAO' 사태는 하드포크와 함께 체인이 두 개로 나뉘는 결과를 가져왔다. 대중의 관점에서 보는 하드포크의 시초인 셈이다.

그렇다면 'The DAO' 사태가 무엇이기에 이런 일이 벌어졌을까? 최근에는 DAO*가 다시 주목받고 있지만 최초로 DAO라는 개념이 등장한 때는 2016년이다. 당시 'The DAO'로 명명된 최초의 DAO 프로젝트는 비탈릭 부테린을 비롯한 수많은 이더리움 유명인사들의 적극적인 지지를 받으며 시작되었다. 그리고 짧은 기간 동안 커뮤니티의 열광적인 호응을 얻으며 ICO를 통해 1,270만 ETH를 모금했다. 이는 당시 시세로 약 1억 5,000만 달러에 이른다. 그러나 프로젝트가 시작된 지 한 달도 지나지 않은 2016년 6월 17일, 코드의 취약점을 노린 해커의 공격으로 360만 ETH가 탈취되었다.

---

* DAO는 'Decentralized Autonomous Organization'의 약자로, 중앙집중적 조직이나 중간 관리자 없이 스마트 컨트랙트와 같은 프로그램화된 규칙을 기반으로 자동으로 운영되는 조직을 말한다. 주로 블록체인 기술을 활용하여 구축되며, 그 멤버들은 투표나 합의 메커니즘을 통해 조직의 방향성이나 자금 집행 등을 결정한다.

이 사태에 대응하여 비탈릭 부테린은 해커가 자산을 이동할 수 없도록 하는 소프트포크를 제안했다. 그러나 해커로 추정되는 사람은 공개서한을 통해 자신이 취득한 토큰은 스마트 컨트랙트 '코드'에 따라 합법적으로 얻은 자산이므로, 그 자산을 동결하는 것은 오히려 불법이라 주장했다. '코드가 법이다Code is law'라는 원칙이 통용되는 블록체인 생태계에서는 해커의 주장에도 어느 정도 일리가 있어 상황은 더욱 심각해졌다.

이더리움 커뮤니티에게 남은 선택은 하드포크였다. 제안된 하드포크는 탈취된 이더리움을 The DAO 해킹 전 상황으로 되돌리는 방안을 골자로 했다. 언뜻 이는 합리적인 해결책처럼 보일 수 있으나 중요한 문제가 하나 있었다. 바로 블록체인의 근본 속성 중 하나인 임의로 거래를 되돌릴 수 없다는 점을 무시하는 행위라는 것이었다.

커뮤니티는 둘로 분열되었다. 한쪽은 블록체인의 본질에 충실하여 해커가 얻은 이더리움도 인정하자는 입장이었다. 다른 한쪽은 이더리움이 정상적인 방법으로 취득되지 않았으므로 해킹 전 상태로 되돌려야 한다고 주장했다. 두 진영은 서로의 의견을 쉽사리 좁히지 못했다. 결국 이더리움 블록체인은 2016년 7월 20일에 발생한 192만 번째 블록에서 이더리움ETH과 이더리움 클래식ETC 두 개로 나뉘게 되었다. 이 부분에서 "지금 이더리움은 해킹된 물량을 되돌린 쪽일까요, 그대로 둔 쪽일까요?"라고 질문하면 많은 사람들은 "아마도 그대로 둔 쪽이 아닐까요?"라고 답하곤 한다. 그러나 일반적인 인식과는 반대로 현재 우리가 아는 이더리움은 The DAO 해킹 물량을 되돌린 쪽이고, 이더리움 클래식은 해킹으로 얻은 이더리움을 인정하는 쪽이다. 이 부분에서도 이더리움은 분권화 측면에서 비판을 받곤 한다.

그래도 하드포크 이후 문제가 해결되리라는 기대감 때문인지 이더리움 가격은 11달러에서 15달러로 상승했고, 이더리움 클래식은 2.7달러까지 올랐다. 블록체인이 두 개로 나뉜 것은 유례가 없는 사건이었지만 투자자들 입장에서는 이더리움을 가지고 있으면 이더리움 클래식이 공짜로 들어온 셈이니 나쁠 것이 없었다. 이런 경험 때문인지 현재로서는 하드포크라 하면 대부분 '공짜 토큰을 받게 되는 것'이라는 인식이 널리 퍼져 있다. 그러나 하드포크가 비극적인 상황을 초래할 수도 있다는 사실을 절대 잊어서는 안 된다. 다음에 설명할 비트코인의 블록사이즈 논쟁이 대표적인 사례다.

블록사이즈 논쟁

비트코인의 블록사이즈 논쟁은 그 역사가 길고 과정이 복잡하여 이 자리에서 모두 다루기에는 무리가 있다. 자세한 내용을 알고 싶다면 조너선 비어Jonathan Bier가 저술한《블록사이즈 전쟁 Blocksize War》이라는 영문판 책을 참조하는 것이 좋다. 여기에서는 블록사이즈 논쟁에 대해 간단히 정리하고 연관된 하드포크들에 대해 살펴볼 것이다.

블록사이즈 논쟁의 시작은 2014년까지 거슬러 올라간다. 비트코인 커뮤니티에서는 이전부터 비트코인의 처리 용량에 대한 문제가 지속적으로 제기되어왔다. 원래 비트코인은 1초에 4~7건의 거래만 처리할 수 있어 미래에 늘어나는 수요를 감당하기 힘들고, 더욱이 과도한 수수료 경쟁으로 한계에 부딪히게 될 거라는 주장이었다. 이러한 문제를 해결하기 위한 대안으로 비트코인XT가 2015년 8월에 등장했다(정확히 말하면 XT는 2014년에 출시되었지만 확장성 문제를 다루는 버전은 아니었다). 이 버전에서는 1메가바이트로 제한된 비트코인 블록 크기를 8메가바이트로 늘리고, 이후 2년마다 8메가바이트씩 더 늘어나게 하는 방식을 도입했다. 그러면 현재보다 처리할 수 있는 거래도 8배로 늘어나고 수수료는 낮아지게 되므로 확장성 문제를 해결할 수 있다는 주장이었다.

그러나 이에 대한 반발도 만만치 않았다. 갑작스럽게 출시된 XT에 대해 기존 비트코인 개발자들과 커뮤니티는 강하게 반발했다. XT를 이용하여 채굴하는 채굴자들에게는 디도스 공격이 가해지기도 했다. 이들이 반발한 이유는 XT가 제시하는 해법이 탈중앙화를 해칠 수 있었기 때문이다. 블록사이즈가 1메가바이트에서 8메가바이트로 증가하면 비트코인 노드를 운영하는 데 필요한 저장장치도 그만큼 커지게 된다. 그 결과로 노드 운영 비용이 증가하게 되고, 이를 감당하지 못하는 많은 사람들은 노드를 중지해야 하므로 탈중앙성을 해칠 수 있다. 또한 채굴자의 입장에서 블록사이즈가 증가하면 다른 채굴자로부터 블록 정보를 받는 데 걸리는 시간이 늘어난다. 그럼으로써 새로운 블록을 채굴하기 위해 소비되는 시간도 증가하고, 결과적으로 지리적으로 가까운 곳에서 채굴이 성공할 가능성이 높아져 채굴의 중앙화도 발생할 수 있다.

결국 기존 비트코인 개발자들은 1메가바이트 블록을 유지하면서 처리량은 2배 가까이 늘릴 수 있는 세그윗이라는 새로운 방식을 고안해냈다. 이 방안은 커뮤니티의 적극적인 지지를 받았고, 그 반작용으로 XT는 도입되지 않았다. 이렇게 블록사이즈 논쟁은 끝나는 듯했다.

그러나 2016년 비트코인 언리미티드Bitcoin Unlimited라는 16메가바이트 블록사이즈를 허용하는 버전이 출시되었고, 2017년에는 세계 최대 채굴풀인 앤트풀Antpool이 이 버전을 지지하면서 블록사이즈 논쟁은 다시 불거졌다. 이전에 출시된 세그윗은 30%가 채되지 않는 채굴자들의 지지 때문에 활성화되지 못하고 있었고, 이것이 새로운 블록사이즈 논쟁을 촉발시킨 계기가 되었다. 앤트풀의 지지를 얻은 비트코인 언리미티드는 전체 해시레이트의 40%에 가까운 지지를 받으며 성장했고, 비트코인 세그윗 버전과 언리미티드 버전이 하드포크될 것이라는 예상이 나오기 시작했다. 그 중에 30만 개의 비트코인을 보유하고 있던 비트코인 초기 투자자 로저 버Roger Ver가 하드포크가 일어나면 비트코인을 모두 팔고 비트코인 언리미티드를 사겠다고 선언하면서 시장은 공포에 휩싸였다. 그러나 2017년 5월에 배리 실버트Barry Silbert의 주선으로 세그윗과 2메가바이트 블록사이즈를 동시에 적용하는 세그윗2XSegwit2X 안이 합의되면서 혼란은 가라앉는 듯 보였다.

하지만 2017년 8월, 갑작스레 비크코인 캐시Bitcoin Cash가 2메가바이트 블록사이즈를 들고 나타났고, 하드포크가 이루어졌다. 앤

[그림 44] 연도별로 살펴본 비트코인 블록사이즈 논쟁

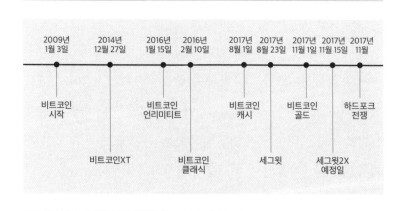

트풀이 비트코인 캐시를 지지하기 시작하면서 2017년 11월에는 비트코인 캐시의 해시레이트가 비트코인을 앞질렀고, 비트코인 캐시 가격은 30만 원에서 거의 10배 상승하여 280만 원까지 오르게 되었다. 이미 세그윗과 언리미티드, 이렇게 반으로 갈라져 있던 비트코인이 세그윗2X로 또 나뉘게 된다면 비트코인은 그동안 지켜온 자리를 비트코인 캐시에게 내어줄 처지였다(커뮤니티에서는 이를 '드레곤 슬레이어' 작전이라고 칭하기도 한다. 여기서 드래곤은 비트코인을 의미한다).

다행스럽게도 2017년 11월 9일에 세그윗2X가 무기한 연기되면서 시장은 혼란으로부터 벗어날 수 있었다. 이 과정에서 비트코인 캐시가 탄생하고, 몇몇 하드포크 버전이 생성되었지만 비트코인은 세그윗을 적용하며 살아남았다. 이러한 사건을 통해 우리는 하나의 중요한 교훈을 얻을 수 있다. 그것은 아무리 비트코인처럼 우량한 암호화폐라 해도 연속된 하드포크와 커뮤니티의 분열은 치명적인 결과를 초래할 수 있다는 사실이다.

한 명의 참여자로서 바라보고 대처하라

블록체인에 오래 몸담다 보면 하드포크를 몇 번씩 경험하게 된다. 하드포크가 긍정적인지 부정적인지를 떠나 결국 우리에게 중요한 것은 하드포크가 일어날 때 대처하는 방법일 것이다. 그렇다면 어떤 방식으로 대응해야 현명한 것일까?

가장 중요한 원칙은 하드포크가 발생하는 동안 블록체인 사용을 잠시 중단하는 것이다. 하드포크 과정에서 어떤 오류가 발생할지 예측할 수 없기 때문이다. 블록체인이 예기치 않게 중단될 수 있으며, 체인이 분리되어 전송한 코인이 사라질 위험도 있다. 그래서 가능하다면 하드포크 전후로 블록체인 사용을 자제하는 것이 현명하다.

하드포크와 체인분리가 동시에 발생하여 토큰이 추가로 지급되는 경우, 개인 지갑을 적극적으로 활용하는 방안도 고려해볼 만하다. 일반적으로 거래소에서도 토큰을 지급하지만 하드포크 후 안정화되기까지 기다려야 하기 때문에 상당한 시간이 소요될 수 있다. 또한 일부 경우에는 거래소가 토큰을 지급하지 않는 상황도 발생한다. 그러나 개인 지갑에 보관하면 하드포크와 체인분리로 인해 지급되는 토큰은 하드포크가 일어나는 동시에 받을 수 있으므로, 가능한 한 하드포크 이전에 코인을 개인 지갑에 보관하는 것이 좋다. 그리고 하드포크 직후 새로운 토큰 거래를 지원하는 거래소로 전송하면 된다. 만약 하드포크를 대비해 거래소에 있는 토큰을 인출하려고 한다면 미리 출금해두는 것을 잊지 말아야 한다. 대부분의 거래소는 하드포크 시점 며칠 전부터 출금을 제한하기 때문이다.

그러나 무엇보다 중요한 것은 블록체인에 참여하는 개인으로서 하드포크에 관심을 가지고, 지지 또는 반대의 입장을 명확히 하는 것이다. 어떤 하드포크는 좋은 변화를 담고 있음에도 많은 토큰 보유자들의 무관심으로 통과되지 못하기도 한다. 하드포크는 단순한 기술적 업그레이드가 아니라 그 블록체인 커뮤니티가 함께 모여 규칙을 바꾸는 의사결정 과정이기 때문에 한 사람 한 사람의 참여와 목소리가 중요하다는 점을 기억해야 한다.

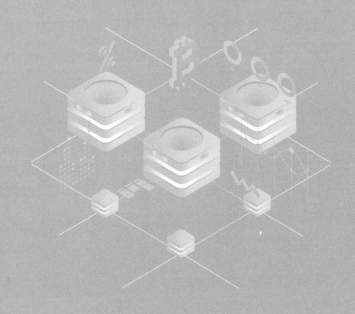

PART

04

블록체인 투자,
성공보다 중요한
생존 노하우

B L O C K   C H A I N

Chapter 10
감춰진 '보배 프로젝트'를
찾는 법

블록체인이 세상에 나온 지 10년이 넘는 시간이 흘렀다. 예전과 다르게 지금은 하루가 멀다 하고 새로운 프로젝트들이 등장하며 생태계에 활력을 더하고 있다. 2013년 초에는 겨우 10개 미만의 블록체인 프로젝트가 있었지만, 이제는 그 수가 2만 개를 훌쩍 넘었고, 새로운 프로젝트를 위한 투자 규모도 이전과 비교할 수 없을 정도로 거대해졌다.

그러나 프로젝트가 많아지는 게 꼭 좋은 것만은 아닌 듯하다. 좋은 프로젝트들이 많아진 만큼 불량한 프로젝트도 늘어났고, 넘쳐나는 정보 속에서 옥석을 가리는 일은 더 어려워졌다. 수백 편의 백서들은 모두 장밋빛 미래를 이야기하고, 각종 유망 프로젝트에 사모투자Private investment로 참여한 기관 투자자들은 자신들이 투자한 프로젝트를 띄우기에 여념이 없다. 그러나 지금까지 나타났다 사라진 수많은 블록체인 프로젝트들의 실패 사례는 우리에게 프로젝트에 현혹되어서는 안 된다는 점을 일깨워주고 있다.

그래서 이번 장에서는 블록체인 프로젝트를 평가하는 방법에 대해 알아보려 한다. 그러나 여기에서 다루는 내용이 무조건 돈 버는 프로젝트를 고르는 방법은 아니라는 점은 꼭 짚고 넘어가야겠다. 블록체인 토큰 가격은 예측이 불가능하다고 봐도 무방하다. 우리가 아무리 많이 안다고 해도 그 지식이 우리에게 돈을 벌어다 줄 프로젝트를 족집게처럼 알려주지는 않는다.

그 대신 여기에서는 정석과 기본에 충실한 프로젝트의 조건에 대해 살펴보려 한다. 사실 이러한 프로젝트들은 너무 정직해서 오히려 시장의 외면을 받기도 한다. 그러나 적어도 중간에 심각한 기술적, 도덕적 문제가 발생할 가능성은 훨씬 적다. 화려하지는 않지만 수수하게 그리고 묵묵히 블록체인의 영역을 넓혀가는 감춰진 보배 같은 프로젝트들을 여러분이 찾도록 도와주는 것이 이번 장의 목표다.

투명성: 정보가 제대로 공개되어 있는가?

경험적으로 블록체인 프로젝트를 평가할 때 가장 중요하게 생각하는 요소는 '투명성'이다. 비트코인을 만든 사토시 나카모토가 익명의 인물인 점을 감안하면 투명성은 블록체인과 상반되는 개념처럼 보일 수 있다. 그러나 투명성은 익명성과는 별개다. 익명성은 개인의 사생활과 연관되지만 투명성은 검증 가능성, 그리고 그로 인한 투자자 보호와 연관되어 있다. 우리가 사토시 나카모토의 신원을 알 수는 없지만 그가 작성한 코드와 백서를 검토하고, 이상한 부분이 있는지 확인할 수는 있다.

출발선이 달라졌다는 점 또한 중요한 이유다. 초기 블록체인 프로젝트들은 대부분 모두가 같은 선상에서 채굴을 시작하는 방식으로 진행됐다. 그러나 시간이 지나며 점점 채굴이 시작되기 이전에 개발자가 미리 토큰 일부를 배정받는 '프리 마이닝'이라는 것이 생겼고, 나중에는 ICO로 직접 사람들의 투자를 받는 프로젝트들이 출현하게 되었다. 심지어 ICO로 토큰을 판매하면서도 개발진 물량을 따로 배정하기까지 했다.

이렇게 투자의 출발점이 완전히 달라진 상황에서 투명성은 투자자 보호를 위한 가장 중요한 요소가 되었다. 투명성이 떨어지는 많은 프로젝트들은 일시적으로 투자자들을 환희로 몰아넣었지만,

결국에는 개발진과 기관 일부에게만 큰 부를 안겨주고 다수의 투자자들에게는 눈물만을 남겼다.

프로젝트 팀원들이 믿을 만한가?

"인사人事가 만사萬事"라는 말이 있듯이 프로젝트를 평가할 때 중요한 요소 중 하나는 사람이다. 팀원이 공개되어 있고 각 인물에 대해 상세한 정보를 제공하는 프로젝트는 상대적으로 더 안전하다. 물론 프로젝트 팀에서 제공하는 정보가 정확하다는 전제하에서만 그렇다. 일부 경우에는 허위의 인물을 내세우거나 이력을 속이기도 하기에 주요 팀원에 대한 검증은 필수적이다. '놀라운

[그림 45] 팀인가? 한 사람인가?

놀라운 우리 팀

There is no limit if logic

Adilovski
Lead Designer

Adil DEVECİ
Lead Marketer

Deveciloper
Lead Developer

출처: https://www.investinblockchain.com/due-diligence-checklist/

우리 팀Our Amazing Team'이라는 제목이 붙은 [그림 45]는 비록 장난이기는 하지만 팀원 검증의 중요성을 강조한다(자세히 살펴보면 모두 같은 사람이다).

정보에 거짓이 없다면 각 팀원이나 자문위원Advisor의 이력 역시 확인해야 한다. 사기성 프로젝트에 연루된 적이 있는가? 윤리적 문제는 없는가? 이전에 진행한 프로젝트의 결과는 어떠했는가? 이런 부분에서 의심스러운 요소가 발견된다면 그 프로젝트는 아무리 유망해 보여도 다시 고려해봐야 한다.

코드가 공개되어 있는가?

"코드가 법이다"라는 말까지 있듯이 블록체인에서는 코드의 권위가 절대적이다. 블록체인에서 이루어지는 모든 것이 코드에 의해 작동되기 때문이다. 채굴을 하든, 전송을 하든, 스테이킹을 하든, 스마트 컨트랙트를 진행하든 이미 작성된 코드를 기반으로 실행된다.

그러므로 코드는 반드시 공개되어 있어야 한다. 그렇지 않다면 우리는 규칙도 제대로 모른 채 경기에 뛰어든 선수와 다를 것이 없다. 언제 어디에서 규칙을 빙자한 불합리한 행동을 당할지도 모를 일이다. 예를 들자면 운영자 마음대로 사용자 계정을 정지하거나 사용자의 개인정보를 탈취할 수 있는 등의 내용이 블록체인 코드에 심어져 있을 수도 있다. 그러나 다행히도 대부분의 블록체인들이 코드를 공개하고 있기에 이 부분은 충분히 피해갈 수 있다. 하지만 만약 어떤 프로젝트의 블록체인 코드가 공개되어 있지 않다면 매우 주의해야 한다.

토큰 유통 정보가 명시되어 있는가?

사토시 나카모토는 비트코인을 출시하면서 발송한 이메일에서 〈비트코인 백서〉 초록과 함께 유통량 정보를 언급했다. 그만큼 유통량은 블록체인에서 중요하다. 디지털 자산은 그 특성상 발행에 드는 비용이 0에 가깝기 때문에 유통량이 정확하게 정해져 있지 않으면 토큰을 무한정으로 발행할 위험이 있다.

토큰 유통 정보는 크게 초기 물량 배분과 유통량 변화로 나눌 수 있다. 초기 물량 배분은 당연히 초기 물량이 존재해야만 성립한다. 비트코인이나 도지코인처럼 초기 물량이 0인 상태에서 모두가 함께 채굴로 시작하는 코인은 초기 배분이라는 개념이 존재하지 않는다.

초기 배분에 대한 투명성은 세 가지 정보를 통해 판단할 수 있다. 먼저 구체적인 초기 물량 배분 정보다. [그림 46]에 나온 이더리움의 초기 물량 배분 정보를 보면, 전체 물량 중에서 83.33%가 ICO로 지급되었고 8.33%는 이더리움 재단에, 4.17%는 85명

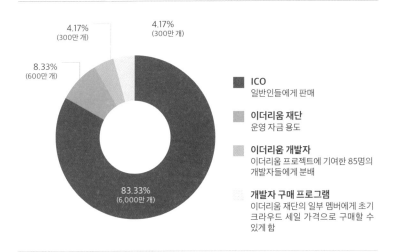

[그림 46] 이더리움의 초기 물량 배분 정보

4.17%
(300만 개)

4.17%
(300만 개)

8.33%
(600만 개)

83.33%
(6,000만 개)

■ **ICO**
일반인들에게 판매

■ **이더리움 재단**
운영 자금 용도

■ **이더리움 개발자**
이더리움 프로젝트에 기여한 85명의
개발자들에게 분배

□ **개발자 구매 프로그램**
이더리움 재단의 일부 멤버에게 초기
크라우드 세일 가격으로 구매할 수
있게 함

의 이더리움 개발자들에게 배정되었음을 확인할 수 있다. 나머지 4.17%는 이더리움 재단의 일부 멤버들에게 ICO 가격으로 판매되었다.

두 번째는 지급된 초기 물량이 언제 시장에 풀리는지에 대한 정보다. 예를 들면 창업자에게 제공된 물량은 1년 동안은 이동과 매매가 불가능하고 1년 이후부터는 매달 24분의 1씩 인출할 수 있다는 식이다. 초기 물량 배분과 물량이 풀리는 시점에 대한 정보는 대부분의 프로젝트에서 공개하고 있지만, 때때로 이와 관련된 내용이 불분명하게 기재된 경우도 있으니 주의해야 한다.

세 번째는 초기 물량이 배분된 주소다. 이 정보는 백서를 통해 공개되거나 혹은 프로젝트 런칭 직후 공개되기도 한다. 그러나 사업상 비밀이라는 이유로 많은 프로젝트들이 초기 물량이 배분된 주소를 명확하게 공개하고 있지 않다.

초기 물량 배분 정보가 제대로 공개되지 않은 경우에는 개발진이나 관련된 내부자들이 미리 다량의 토큰을 발행받고 이를 자의적으로 사용하기도 한다. 대표적인 예가 테라 프로토콜이다. 테라는 루나 외에도 SDT라는 토큰을 사전에 10억 개 발행했으나 이를 백서에 공개하지 않고 소수의 관련 기관 투자자들에게만 알렸다. 이 물량은 2020년 말 블록체인 전문지 〈코인데스크 코리아〉에 의해 밝혀졌는데, 그때에는 이미 1억 달러 상당의 물량이 사용된 뒤였다.

초기 물량 배분 외에도 시간이 흐르면서 유통되는 토큰 개수가 어떻게 변하는지에 대한 정보 역시 중요하다. 앞서 언급한 초기 물량이 시장에 풀리는 시점과 함께 채굴 등을 통해 추가로 발행되는 토큰의 양도 함께 공개되어야 한다. 예를 들어, [그림 47]은 미나MINA라는 토큰의 발행량 변화를 보여준다. 블록체인이 시작된 뒤 24개월 동안은 초기 투자자들과 핵심 기여자들에게 배분된 물량이 시장에 풀리면서 전체 유통량이 10억 개까지 빠르게 증가하고, 그 이후에는 채굴 보상을 통해 물량이 지속적으로 증가하는

[그림 47] 미나 토큰 발행량 변화 추이

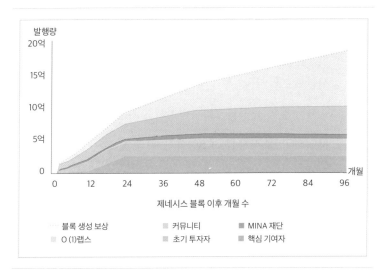

출처: https://minaprotocol.com/blog/mina-token-distribution-and-supply

모습을 보인다.

이렇게 명확하게 정보가 제공되는 경우도 있지만 그렇지 않은 경우도 있다. 어떤 국내 프로젝트는 초기 물량 배분과 매 블록당 발행되는 토큰 개수만 공개하고 각 물량이 어떤 시점에 실제 유통되는지 명시하지 않기도 했다. 이 프로젝트는 이후 수천억 원어치의 물량을 조용히 시장에 매도하면서 논란을 일으키기도 했다.

공시에 준하는 제도가 마련되어 있는가?

블록체인 산업이 제도권으로 편입되면서 기존 자본시장의 제도가 블록체인 내부로도 적용되기 시작했다. 그중 대표적인 것이 공시제도다. 금융감독원에 따르면 공시제도는 "증권을 발행하거나 상장한 법인 등의 사업 내용, 재무 상황 등 기업 내용을 정기적으로 공시함으로써 일반 투자자에게 합리적인 투자 판단 자료를 제공하고 시장에서 공정한 가격 형성이 이루어지도록 하여 거래 질서를 확립하고 투자자를 보호"하기 위해 만들어진 제도다. 즉 공시는 투자에 대한 판단을 할 수 있는 정보, 특히 투자 상품 가격에 영향을 미치는 정보를 신속하고 정확하게 공개함으로써 투자자를 보호하는 제도다.

블록체인은 누구나 접근할 수 있어서 공시가 필요 없다고 생각할 수도 있다. 하지만 수많은 거래 내역 속에서 중요한 정보를 찾아내는 작업은 전문가가 아니면 쉽지 않다. 그런 이유로 대다수 일반 투자자들에게는 공시나 그에 준하는 제도가 필요하다.

최근 몇 년 동안 블록체인 시장에서 가격에 영향을 미쳤던 요인 중 하나는 초기에 창업자나 재단에 배분된 물량의 대량 이동이다. 특히 이러한 물량이 거래소로 이동하면 매도가 이루어질 가능성이 크고, 이에 따라 시장에 충격이 가해질 수 있다. 따라서 이에 대한 신속하고 정확한 정보 전달이 중요하다. 일부 프로젝트들은 재단이 보유하고 있는 물량을 이동하기 전에 미리 공지를 하기도 한다. 하지만 아직도 대부분의 프로젝트들은 먼저 물량을 이동하고, 나중에 논란이 일어나면 그때 가서 해명하는 식이 일상이다. 안타까운 현실이 아닐 수 없다.

토큰의 구조적 위험: 믿지 말고 검증하라

자의적인 발행

또 다른 평가 기준은 토큰 자체가 갖는 구조적 위험성이다. 그 중 가장 주의 깊게 봐야 하는 사항은 토큰 발행이 이루어지는 방식이다.

정석대로라면 블록체인에서 토큰 발행은 코드에 의해 결정된다. 이 코드는 블록체인 프로젝트가 처음 시작할 때부터 누구나 볼 수 있을 뿐 아니라 임의로 변경할 수 없고, 이 코드에 기록되어 있는 토큰 발행량이나 속도 역시 모든 사람에게 공개되어 있어 누구도 마음대로 바꿀 수 없다.

대표적인 예가 비트코인이다. 비트코인은 처음 시작부터 지금까지 코드에 있는 계획대로 토큰을 발행하고 있다. 매 블록마다 일정한 보상이 주어지고, 4년 주기로 보상이 반으로 줄어든다. 그리고 2140년이 되면 모든 토큰이 발행되어 더 이상의 추가 발행은 할 수 없다. 비트코인은 그 시작부터 정부의 자의적인 화폐 정책을 비판했기 때문에 코드에 의한 토큰 발행은 가장 중요한 불문율로 여겨졌다.

그러나 블록체인이 발전하면서 스마트 컨트랙트라는 것이 나타나고 이더리움 네트워크 위에서 토큰 발행이 가능해지면서 '코드에 의한 토큰 발행'이라는 불문율이 깨지기 시작했다. 원칙대로라면 스마트 컨트랙트 코드에 발행량 계획을 정해놓고 토큰을 발행하고 유통시키는 게 맞을 것이다. 그러나 이렇게 하면 스마트 컨트랙트가 해킹을 당했을 때 후속 처리가 어렵다는 단점이 있었다. 그래서 프로젝트 팀은 코드 대신 사전에 약속한 기준에 따라 토큰을 발행하는 방식을 도입했다. 이 경우에는 프로젝트 팀이 모든 물량을 자신에게 발행한 다음, 시간이 지나면서 조금씩 분배하는 식으로 토큰 유통이 이루어진다. 예를 들어 1년 동안 1억 개가 발행되는 토큰이 있다고 생각해보자. 코드에 의해 발행이 이루어진다면 첫날에는 발행된 토큰의 수가 1억 나누기 365인 약 27만 4,000개, 둘째 날에는 54만 8,000개이고 마지막 날에는 1억 개가 될 것이다. 그러나 프로젝트 팀이 관리하는 방식을 채택하면 첫날 1억 개가 모두 프로젝트 팀 지갑으로 발행된다. 그리고 이 중 27만 4,000개의 물량을 첫날 팀 지갑에서 다른 지갑으로 전송해 유통시키고, 둘째 날 추가로 27만 4,000개를 더 유통시켜 총 54만 8,000개를 유통하는 식이다.

이러한 방식은 편의성을 높여주기는 하지만 프로젝트 팀이 토큰을 자의적으로 발행할 수 있다는 문제가 존재한다. 매일 혹은 매달 몇 개씩 발행하겠다는 말은 신뢰에 기반한 약속일 뿐이다. 이 약속을 깨고 몰래 더 많은 물량을 시장에 유통시켜 사익을 편취할 가능성은 언제나 존재한다. 소위 '러그풀Rug Pull', 쉽게 말해 '먹튀'라고 부르는 사건들이 대표적인 경우다. 프로젝트 팀이 사전 발행한 물량을 약속에 따라 푸는 척하다가 갑자기 대량 매도를 해서 투자자들에게 피해를 입히고 자신들은 수익을 얻고 도망치는 일은 생각보다 자주 일어난다.

더욱 나쁜 경우는 프로젝트 팀이 토큰을 추가로 발행할 수 있는 권한을 가질 때다. 앞에서 설명한 대로 모든 토큰을 초기에 프로젝트 팀이 발행해두면 시간이 지나도 토큰의 총 개수에 변화가 없다. 그러나 프로젝트 팀이 토큰을 추가로 발행할 수 있는 권한을 가지면 공개하지 않고 의도적이든 사고로든 토큰을 추가 발행하여 대량 매도하는 일이 벌어지기도 한다. 실제로 이와 관련된 사건들이 국내에서도 발생해 투자자들이 큰 피해를 입은 적이 있다.

블록체인에서 가장 중요한 원칙인 'Don't trust, verify(믿지 말고, 검증하라)'는 토큰 발행에도 그대로 적용된다. 토큰 발행을 프로젝트 팀에게 믿고 맡길 것인가, 아니면 코드를 통해 검증할 것인가?

건전한 블록체인을 추구하는 사람이라면 당연히 후자를 선택할 것이다. 블록체인 프로젝트를 평가할 때 프로젝트 팀이 자의적으로 토큰을 발행할 수 있다는 점은 편리성이 아닌, 불안요소로 봐야 한다.

토크노믹스 변경

토크노믹스Tokenomics*는 블록체인 보상 시스템을 통해 생태계를 조성하고 성장시키기 위해 만들어졌다. 이상적인 토크노믹스는 블록체인 생태계가 지속적으로 확장되도록 하는 선순환 메커니즘을 제공한다.

현존하는 가장 단순하면서도 강력한 토크노믹스는 비트코인의 채굴 시스템이다. 채굴자들은 채굴 장비에 투자하고 전력을 소비하여 비트코인의 보안을 유지하며, 그 대가로 비트코인 네트워크에서는 채굴 보상을 제공한다. 이 보상을 얻기 위해 채굴자들은 서로 경쟁하며 더 많은 자원을 투입하는데, 이런 과정이 비트코인의 보안성을 높인다. 그리고 더 많은 자원 투입과 높은 보안 수준은 비트코인에 추가적인 가격 상승 요인을 제공하고, 가격 상승은 채굴 보상 증가를 불러와 더 많은 채굴자들을 유인한다. 이렇

---

* 토큰(Token)과 경제학(Economics)의 합성어로, 토큰을 활용한 경제 시스템을 통칭하는 말.

[그림 48] 비트코인 채굴 해시레이트와 가격의 흐름

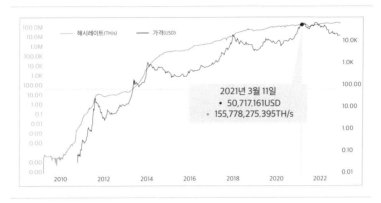

출처: blockchain.com

게 선순환하는 구조가 비트코인 토크노믹스의 핵심이며, 이것이 2010년부터 지금까지 이어지고 있다([그림 48]).

토큰 발행과 마찬가지로 토크노믹스도 기본적으로는 블록체인 코드에 정해져 있다. 그렇기에 특정 개인이나 단체가 임의로 토크 노믹스의 구조와 규칙을 변경할 수 없다. 토크노믹스도 블록체인 규칙의 일부이기 때문에 토크노믹스를 바꾸기 위해서는 하드포 크가 필요하다. 그래서 블록체인 생태계에 참여하는 사람들 다수 가 동의하지 않는다면 토크노믹스는 바뀌지 않는다.

그러나 토큰 발행이 편의를 위해 프로젝트 팀에 위임되었듯이 최근엔 토크노믹스도 비슷한 이유로 누군가가 임의로 바꿀 수 있 게 됐다. 보상 규칙을 코드에 정해놓지 않고 프로젝트 팀이 자신들이 정한 규칙대로 미리 발행해놓은 토큰을 배분하는 일이 벌어지기 시작한 것이다.

물론 이러한 변화를 무조건 비난할 수는 없다. 토크노믹스를 블록체인 코드에 정해놓을 경우, 토크노믹스가 잘못 설계됐을 때 빠른 수정이 안 되는 등의 단점이 있기 때문이다. 그리고 자칫하다가는 토큰 보유자들에게 큰 피해를 입힐 수 있다. 만약 토크노믹스의 규칙을 블록체인이 아닌 프로젝트 팀 차원에서 정하면 토크노믹스가 오작동할 때 빠르게 수정을 하거나 일시적으로 토크노믹스를 중단할 수 있기 때문에 이러한 위험에서 자유로울 수 있다.

그러나 토크노믹스가 임의로 바뀔 수 있다는 점은 불확실성을 높이기 때문에 주의해야 한다. 프로젝트 팀은 토크노믹스를 개선할 수도 있지만 반대로 오판을 해서 잘 운영되던 토크노믹스를 악화시킬 수도 있고, 자신들의 이익을 극대화하기 위해 토크노믹스를 입맛에 맞게 바꿀 가능성도 있다.

'Move to EarnM2E'으로 유명한 스테픈STEPN은 신발 NFT를 구입해서 매일 걷는 만큼 보상을 주는 토크노믹스로 돌풍을 일으켰다. 신발 NFT 가격은 천정부지로 치솟았고 관련된 토큰 가격도 상승가도를 달렸다. 그러나 참여자가 늘어나고 보상으로 받은 토큰을 팔기 시작하자 토큰 가격은 하락했고, 생태계를 떠나는 이들이 늘어나면서 신발 NFT 가격도 함께 떨어졌다. 그러자 스테픈은 갑작스레 HP라는 새로운 시스템을 토크노믹스에 추가하게 된다. 각 신발은 HP를 가지게 되었고, 신발을 사용할수록 HP가 줄어들었다. 문제는 이 HP를 회복하려면 돈을 지불하고 특정한 토큰을 구매하여 '수리'를 해야 했다는 것이다. 결과적으로 기존에 사용하던 신발 NFT를 되팔기 어려워졌고, 이 때문에 더 많은 사람들이 토크노믹스 개악改惡에 실망하며 스테픈 생태계를 떠났다. 여기서 가장 큰 문제는 HP 시스템 도입이 커뮤니티와 충분히 공개적으로 논의된 뒤 결정된 사안이 아니라 스테픈 팀의 독단적인 결정이었다는 점이다.

임의로 토크노믹스를 변경할 수 있는 블록체인은 프로젝트 팀이 항상 생태계 전체를 위한 최선의 판단을 내린다는 전제에서만 긍정적으로 평가될 수 있다. 하지만 현실에서 이러한 전제는 성립되지 않는 경우가 많다. 많은 프로젝트 팀이 생태계 전체의 이익보다는 자신들과 이해 관계자들(특히 초기 투자자들)의 이익을 우선시하기도 하며, 때로는 현명하지 않은 결정을 내리기도 한다. 블록체인 프로젝트를 평가할 때 토크노믹스가 코드에 정해져 있는 경우에는 그 설계가 잘 이루어졌는지만 검토하면 되지만 토크노믹스가 임의로 변경 가능한 경우에는 그 설계뿐 아니라 프로젝트 팀의 능력과 공정성까지 모두 고려해야 한다. 다시 말해 토크노믹스를 임의로 변경할 수 있는 프로젝트에는 훨씬 더 신중하게 접근해야 한다.

세상에 공짜 점심은 없다

세 번째로 고려해야 할 점은 사기 위험이다. 경제활동이 이루어지는 곳에서는 자연스럽게 사기꾼들이 생기기 마련이지만 블록체인 생태계에서는 사기 사건이 더 비일비재한 것 같다. 그럴 만도한 것이 블록체인은 현재 제도권에 편입되는 과도기 시기라 사기를 쳐도 처벌 규정이 명확하지 않아 다른 사기 사건보다 처벌 수위가 낮기 때문이다. 이로 인해 사기꾼들에게는 블록체인이 좋은 수단으로 활용되고 있다.

상장을 핑계로 한 사기가 대표적인 예다. 상장만 하면 큰 수익을 얻을 수 있다고 홍보한다면 이는 사기일 가능성이 크다. 따라서 프로젝트를 선택할 때는 먼저 코인마켓캡이나 코인게코CoinGecko 등에 등록되어 있는지 확인할 필요가 있다. 이것만 확인해도 대다수의 사기 코인을 걸러낼 수 있다.

그러나 이것만으로는 충분하지 않다. 우리에게는 겉보기에는 사기 같지 않지만 결과적으로 파멸적인 프로젝트들을 걸러낼 수

[그림 49] 앵커 프로토콜의 이자 지급 계좌 잔고 추이

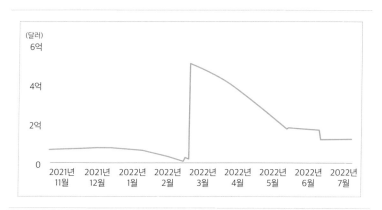

출처: Flipside crypto

있는 안목이 필요하다. 여러 가지 방법으로 판별할 수 있겠지만 그중에서도 많이 사용되는 기준이 있다. 바로 명확한 수익 모델 없이 높은 이율을 보장하는지 확인하는 것이다.

대표적인 예는 테라(루나)의 앵커 프로토콜이다. 연이율 최대 20%를 보장하던 앵커 프로토콜은 사실상 대출을 통해 얻은 수익으로는 운영이 불가능했다. 예대마진, 즉 대출 이자로 얻는 수익과 예금 이자로 지불하는 비용의 차이가 적자였기 때문이다. 다시 말해 예금 이자로 사용자들에게 지불하는 비용이 대출로 얻는 수익보다 훨씬 큰 상황이었다. [그림 49]를 보면 앵커 프로토콜의 이자를 지급하는 계좌 잔고가 2021년 말부터 계속 감소해왔다는 것을 알 수 있다. 앵커 프로토콜이 인기를 끌면서 대출을 해서 이

[그림 50] 권도형이 2022년 1월 29일에 남긴 트윗 내용

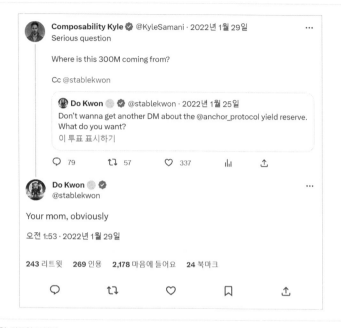

출처: 권도형 트위터

자를 받는 사람보다 예금을 해서 이자를 받아가는 사람이 더 많아졌기 때문이다.

상황이 이렇게 되자 테라폼랩스는 이자 지급 계좌에 3억 달러를 추가하겠다는 계획을 발표했다. 앵커 프로토콜이 수익을 내고 있지 않음에도 불구하고 이런 대규모 자금이 어디서 나왔을까? 이런 의문이 트위터에서 제기되자 테라폼랩스의 설립자인 권도형은 "Your mom, obviously(당연히 너네 엄마한테서)"라는 유명한 발언을 했다([그림 50]).

훗날 테라-루나 사태가 터진 뒤 이 자금의 출처가 밝혀졌다. 루나를 시작할 때 테라폼랩스는 10억 개의 루나 외에도 10억 개의 SDT를 발행해두었다. 이 SDT는 IMF의 SDR(특별인출권)과 가격이 연동되는 스테이블코인으로, 약 1달러의 가격을 가진다. 이렇게 암암리에 선발행하여 보유하고 있던 SDT를 테라의 스테이블코인인 UST로 전환하여 이자 지급 계좌에 넣었던 것이다. 또한 초기에 앵커 이자 지급 계좌에 들어간 자금도 선발행한 루나를 팔아 마련한 것으로 밝혀졌다. 결국 앵커 프로토콜의 높은 수익률은 테라폼랩스가 사업을 잘해서 벌어들인 수익을 공유한 것이 아니라, 비용 하나 들이지 않고 마음대로 발행한 코인을 가치 있는 것처럼 판매하여 만든 환상에 불과했다.

우리는 살면서 "공짜 점심은 없다"라는 말을 자주 듣곤 한다. 무언가 대가를 치르지 않고 얻는 이익은 없다는 뜻이다. 어떤 블록체인 프로젝트가 굉장히 쉽게, 그리고 아주 많은 수익을 내세우면서 우리를 유혹한다면 정신을 바짝 차려야 한다. 정말로 합리적인 수익 모델이 있는지를 살펴보고, 이중 삼중으로 체크하며 제대로 판단할 필요가 있다. 쉬운 이익을 얻기 위해 달려드는 사람들은 사기꾼들의 좋은 먹잇감이 될 뿐이다.

보안, 감사보고서 확인의 중요성

2020년 말 '웜홀Wormhole 브릿지'라는 서비스가 출시되었다. 브릿지란 다른 종류의 블록체인을 연결해주는 서비스로서 웜홀 브릿지는 초반에는 솔라나Solana와 이더리움 간 자산 이동을 지원했다. 이후에는 테라, BSC 등 다양한 네트워크를 추가하면서 활발하게 사용되었다.

브릿지는 기본적으로 한 네트워크에서 자산을 받아 로크업 Lock-up(이체 금지)을 하고, 다른 네트워크에서 새로운 자산을 발행해서 전송하는 방식으로 작동한다. 예를 들어 이더리움에서 솔라나로 10ETH를 보낸다고 해보자. 사용자는 이더리움 네트워크에서 특정 웜홀 주소로 10ETH를 전송한다. 그러면 웜홀 브릿지를 관장하는 스마트 컨트랙트는 이더리움 네트워크에 10ETH를 묶어놓은 다음, 솔라나 네트워크에서 10wETH를 발행하고, 이를 수신 주소로 전송한다. 이와 같이 토큰은 1:1 교환 방식으로 이루어지기 때문에 나중에 wETH를 솔라나의 웜홀 컨트랙트로 전송하면 내가 원하는 이더리움 주소로 같은 양의 ETH를 받을 수 있다.

그러나 2022년 2월 2일에 이상한 사건이 발생했다. 솔라l 네트워크에서 12만 wETH가 발행되었는데 이더리움 네트워크에서는 그만큼의 ETH가 들어오지 않았다. 말 그대로 허공에서 이더리움 12만 개가 발행된 것이다. 당시 기준으로 약 3억 2,500만 달러, 한화로 4,000억 원에 가까운 금액이었다. 원인은 해킹이었다. 웜홀 스마트 컨트랙트의 취약점을 활용해 해커는 허공에서 wETH를 발행했고, 이를 다시 ETH로 환전해서 이득을 취했다. 대신 wETH를 보유하고 있던 사람들은 그만큼 피해를 입었다.

다음 달인 2022년 3월 말에는 더 큰 규모의 해킹이 발생했다. 게임 '엑시 인피니티Axie Infinity'의 로닌Ronin 브릿지에서 17만 3,600ETH와 2,550만 USDC, 환산하면 6억 2,500만 달러에 달하는 금액이 탈취당했다. 이번에는 스마트 컨트랙트의 문제가 아니라 로닌 브릿지를 운영하는 노드 아홉 군데 중 다섯 군데가 해커에게 장악당한 것이 원인이었다. 다수의 노드를 장악한 해커는 거래 내역을 조작하여 로닌 브릿지에 로크업된 코인을 빼갔다.

이후에 밝혀진 사실은 놀라웠다. 아홉 군데 노드 중 네 군데가 단 하나의 계정에서 운영되고 있었던 것이다. 그래서 해커는 사실상 단 두 개의 계정만 탈취하면 로닌 브릿지를 충분히 장악할 수 있었다. 로닌 브릿지 운영에는 분명히 심각한 보안 문제가 있었으며, 그 결과는 고스란히 사용자들과 투자자들의 피해로 이어졌다.

이런 유형의 해킹 사건은 계속해서 발생하고 있다. 2022년 6월에는 호라이즌 브릿지가 1억 달러를, 8월에는 노마드 브릿지가 2억 달러를 해킹당했다. 이러한 일련의 사건들은 우리에게 한 가지 중요한 교훈을 준다. 블록체인 프로젝트에서 보안은 그 무엇보다 가장 중요하며, 아무리 성공적인 프로젝트라도 보안에 문제가 있다면 순식간에 몰락할 수 있다는 것이다.

따라서 프로젝트를 평가할 때는 항상 보안 측면을 꼼꼼히 살펴봐야 한다. 물론 우리는 보안 전문가가 아니기에 제대로 평가하는 것이 어려울 수 있지만, 그럼에도 차선으로 선택할 수 있는 방법이 있다. 바로 전문 보안 업체의 감사보고서다. 어떤 프로젝트가 다수의 전문 보안 업체로부터 코드 리뷰를 받았는지 확인하고 그 감사보고서 내용을 꼼꼼히 살펴본다면 그 프로젝트가 보안 측면에서 취약한지 그렇지 않은지 대략적으로나마 파악할 수 있다. 만약 전혀 보안감사를 받지 않은 프로젝트라면 보안 위험이 있을 수 있으니 주의해야 한다. 실제로 앞에서 언급한 해킹 사고 대부분은 보안감사를 받지 않았거나 보안감사에서 지적된 문제를 수정하지 않았기에 발생한 측면이 크다.

Chapter 11

암호화폐,
어떻게 투자할까?

 내가 블록체인 분야에 꽤 오래 몸담고 있었다는 사실을 알게 된 사람들이 가장 많이 던지는 질문이 있다. 아마도 여러분 또한 내게 같은 질문을 하고 싶으리라 생각한다. "지금 코인 사도 되나요? 어떤 코인을 살까요?"

아마도 독자 여러분들 중 일부는 책의 앞 부분을 생략하고 바로 이 장부터 읽기 시작했을지도 모르겠다. 일반적으로 블록체인 영역에 대한 관심은 투자와 가장 밀접하게 연관되어 있다. 그러나 암호화폐는 높은 변동성만큼이나 투자의 난이도 역시 높고, 실패할 확률 또한 크다.

코인을 오래 했다고 하면 대다수 사람들은 내가 큰돈을 벌었을 것이라고 오해하곤 한다. 그러나 실제로는 그렇지 않다. 암호화폐에 투자한 사람들 중에서 실질적인 수익을 얻은 사람들보다는 큰 손실을 입은 사람이 훨씬 더 많다. 코인을 오래 했다고 해서 투자할 코인을 잘 고르는 것도 아니다. 투자로 성공한 지인에 따르면, 아무리 능숙한 개인 투자자라 하더라도 새로운 프로젝트의 성공 여부를 정확히 예측할 확률은 절반 이하라고 한다.

그렇다면 어떠한 방식으로 투자를 하는 것이 바람직할까? 이어질 내용을 설명하기에 앞서 블록체인이라는 새로운 영역을 탐험하는 우리의 최우선 목표는 '생존'임을 기억하자. 이전 장에서 수익성 있는 프로젝트를 선별하는 법에 대해 이야기하지 않았던 것처럼 이 장에서도 수익률을 극대화할 수 있는 투자 전략을 이야기하지는 않을 것이다. 대신 많은 투자자들의 오랜 경험으로 검증한, 간단하지만 강력한 투자 노하우 두 가지를 공유하고자 한다.

균형 잡힌 투자 포트폴리오와 리밸런싱

포트폴리오란 보유하고 있는 모든 자산들의 집합을 가리킨다. 나의 자산 중에는 부동산이 있을 수 있고, 주식이나 암호화폐도 포함될 것이다. 이상적으로 포트폴리오는 다양한 시장 상황에 대응할 수 있도록, 서로 상관관계가 낮은 자산들을 조합하여 위험을 줄이고 예상 수익률을 극대화하도록 구성되어야 한다. 그러나 이 장에서는 그만큼 전문적인 내용을 다루지는 않을 것이다. 그리고 그 범위도 암호화폐에 한정하여 논의할 것이다.

우선, 암호화폐 투자에서 우리가 가진 선택지를 나열해보자. 첫 번째로 비트코인이 있다. 비트코인은 다른 암호화폐에 비해 상대적으로 변동성이 낮지만, 주식이나 부동산과 같은 다른 자산들과 비교하면 훨씬 큰 변동성을 가진 고위험 자산이다. 두 번째로는 알트코인이 있다. 이더리움이 여기에 포함되어야 하는지 아닌지에 대한 의견이 분분하지만, 편의상 이더리움까지 포함하여 언급하도록 하자. 알트코인은 비트코인보다 훨씬 높은 변동성을 가지고 있어 고수익을 기대할 수도 있지만 반대로 극도로 위험한 상황을 맞이할 수도 있다. 세 번째로는 투자를 하지 않는 방법인 현금이 있다. 스테이블코인도 여기에 포함될 수 있지만 현금과 달리 테더나 서클 같은 스테이블코인 운영사에서 문제가 발생할 가능성이 있어, 달러보다는 다소 위험하다는 점을 명심해야 한다.

이제 현명한 투자를 하기 위해서는 이 세 가지 요소를 적절하게 조합해야 한다. 많은 전문가들이 초보 투자자들에게 권하는 방법은 비트코인 50%, 현금 50%이다. 이미 암호화폐 자체가 고위험 자산인 만큼 굳이 더욱 위험한 알트코인에 투자할 필요가 없다는 논리에서 이런 비율이 제시되었다.

그러나 만일 조금 더 위험을 감수하고 싶다면 비트코인, 이더리움, 현금을 각각 3분의 1씩 보유하는 방식을 추천한다. 이 방식은 암호화폐 커뮤니티에서 우스갯소리로 '반반 무마니(많이)' 전략이라고도 불린다. 비트코인과 이더리움에 절반씩 투자하고 현금도 충분히 보유하고 있다는 의미에서 이런 이름이 붙었다. 이 구성은 이더리움이 비트코인보다 더 높은 변동성을 가지므로 위험성이 증가하지만, 그와 동시에 기대 수익률도 증가한다는 장점이 있다. 또한 이더리움이 국내 투자자들 사이에서 인기가 높으므로 이런 구성이 상대적으로 잘 받아들여진다는 유용성도 있다.

이 지점에서 왜 다른 알트코인은 포트폴리오에 포함하지 않는지 의문을 품을 수 있겠다. 중소형 알트코인을 포트폴리오에 포함시키면 극단적인 변동성 때문에 암호화폐 투자에 투입되는 에너지와 거기에서 받는 스트레스가 크게 증가하게 된다. 특히 초보 투자자라면 일상 생활에 악영향을 받을 가능성이 높다. 이러한 이유로 중소형 알트코인의 투자는 추천하지 않고 있다. 그러나 만약 꼭 알트코인을 포트폴리오에 넣고 싶다면 위의 두 전략에서 5% 정도만 알트코인에 할애하는 것이 좋다. 예를 들어, 비트코인 45%, 알트코인 5%, 현금 50% 또는 비트코인 35%, 이더리움

30%, 알트코인 5%, 현금 30%와 같은 구성이다. 포트폴리오에서 알트코인은 나중에 반드시 사라질 자산으로 생각하고 투자하는 것이 안전하다.

포트폴리오대로 투자했다면 이제는 기다리는 단계다. 시간이 지나면 가격이 움직이고 포트폴리오의 비율 또한 변하게 될 것이다. 암호화폐 시장이 호황을 맞이하면 포트폴리오에서 비트코인과 이더리움이 차지하는 비율은 증가하고, 반면 현금이 차지하는 비율은 감소하게 된다. 그러나 시장이 침체하게 되면 현금 비율이 늘어나게 될 것이다. 이러한 변화에 따라 적절한 시점에서 바뀐 비율을 초기 비율로 되돌리는 '리밸런싱' 작업을 수행해야 한다.

예를 들어 비트코인과 현금을 50:50 비율로 투자했다고 해보자. 만약 비트코인의 가격이 3배로 상승했다면 평가액 기준으로 보면 비트코인은 150, 현금은 50이 된다. 이를 백분율로 환산하면 75% 대 25%다. 이 비율을 다시 50:50으로 맞추기 위해서는 비트코인 보유량의 3분의 1을 매도하여 현금으로 전환해야 한다. 반대로 비트코인의 가격이 3분의 1로 하락했다면 비트코인은 약 17, 현금은 50이 될 것이다. 그러면 현금의 33%를 사용하여 비트코인을 구입함으로써 다시 50:50 비율로 조정하면 된다. '반반 무마니' 전략을 적용한 경우에도 마찬가지로 평가액 기준으로 비트코인, 이더리움, 현금의 비중을 조절하면 된다.

이러한 포트폴리오와 리밸런싱 전략을 수행하면 대중의 움직임과는 반대 방향으로 투자하는 효과가 발생하게 된다. 코인의 가격이 하락하면 현금으로 코인을 추가로 구입하고, 코인의 가격이 상승하면 현금 비중 확보를 위해 코인을 매도하게 된다는 것이다.

문제는 언제 리밸런싱을 수행할 것인가에 대한 부분이다. 이에 대한 해결 방법은 여러 가지가 있을 수 있다. 일정한 기간을 정해두고 리밸런싱을 수행할 수도 있고, 변동되는 비율을 기준으로 수행할 수도 있다. 특별한 정답은 없으므로 각자에게 가장 적합한 방법을 찾아나가기를 추천한다.

시간을 내 편으로 만드는 적립식 분할매수

워런 버핏의 스승이자 가치투자의 아버지로 알려진 벤저민 그레이엄은 그의 저서 《현명한 투자자》에서 적립식 분할매수의 유용성을 강조했다. 영어로는 DCADollar Cost Averaging라고도 하는 적립식 분할매수는 일정한 주기로 동일한 금액의 투자를 계속해서 진행하는 방법이다. 이를 통해 투자자는 주가나 코인의 가격이 낮을 때 더 많은 자산을 구매하게 되며 평균적으로 높은 수익률을 얻을 가능성이 커진다.

그러나 주식시장이 아닌 암호화폐 시장에도 이 방법이 통할까? 현재까지는 그렇다고 볼 수 있다. 2016년부터 2021년까지 자료를 토대로 시뮬레이션 분석을 한 결과, 지난 4년 동안 비트코인을 적립식으로 분할매수했을 경우 평균적인 수익률은 약 436%로 나타났다. 이는 일반적인 투자 수익률을 훨씬 뛰어넘는 수치로, 암호화폐의 성장기에 있었다는 점을 고려해도 상당한 수익률이다. 심지어 2023년 1월과 같은 가장 안 좋은 시기에 4년 동안의 적립식 분할매수가 완료되어도 36% 정도의 수익률을 보장한다는 결과가 나타났다. 이는 시장 상황이 개선되면 더 높은 수익률을 기대할 수 있다는 뜻이다. 이처럼 적립식 분할매수는 투자의 기본원칙 중 하나인 '낮은 가격에 사서 높은 가격에 팔아라'를 실현할 수 있는 효과적인 전략이라고 할 수 있다.

그러나 적립식 분할매수가 만능은 아니다. 적립식 분할매수 전략을 적용할 때는 반드시 투자 대상을 신중하게 선택해야 한다. 시뮬레이션 결과에 따르면, 시가총액 2위인 이더리움까지는 비트코인과 함께 50:50 비율로 투자했을 때 안정적인 수익률을 보였지만, 시가총액 3위 이하의 암호화폐에 대해서는 수익률 변동이 크게 나타났다. 특히 시가총액 6위 이하의 암호화폐를 대상으로 했을 때는 심지어 손실을 볼 수 있다는 결과도 나왔다. 이는 상대적으로 시가총액이 작은 암호화폐가 사라질 위험이 더 크기 때문이다. 앞서 이야기한 테라-루나가 한때 시가총액 5위에 올랐지만 하루 아침에 붕괴된 것처럼 말이다.

적립식 분할매수의 큰 장점은 투자 초기에 많은 자본이 필요하지 않다는 점이다. 주기적으로 적은 금액을 투자함으로써 투자를 시작할 수 있고, 이로 인해 개인의 생활 패턴이 건전해질 수 있다. 또한 적립식 분할매수는 시간이 투자자의 편이 되는 전략이다. 이 방법은 안정적인 수익을 위해 중장년층이 선택해야 할 전략처럼 보일 수 있으나, 실제로는 젊은 세대가 적용했을 때 장점을 더 극대화할 수 있다. 그만큼 더 오랫동안 투자를 할 수 있기 때문이다. 예를 들어 2013년부터 매달 100달러씩 투자했다면 현재 가치는 약 40만 달러에 달하게 된다. 이만하면 앞으로의 10년을 내다보고 실천해볼 만한 전략이라고 생각되지 않는가?

가장 중요한 원칙은 자제력을 가지는 것

마지막으로 가장 중요한 투자의 원칙이 남아 있다. 절대로 무리하지 않고 여윳돈으로만 투자하는 것이다. 이 원칙을 항상 강조하지만 계속해서 욕심에 휘둘려 전세 보증금을, 학비를, 노후 자금을 투자에 쏟아부었다가 실패하는 사람들이 나오는 실정이다. 우리는 절대 도박을 하는 것이 아니다. 투자자는 자신과 가족을 위해 단기적인 이익에 눈이 멀지 않도록 주의해야 한다. 달콤한 수익이 눈앞에 아른거릴지라도 원칙을 중요시하고 안전한 투자를 위해 필요한 만큼의 자제력을 발휘해야 할 것이다.

Chapter 12
가치 네트워크 시대의 미래

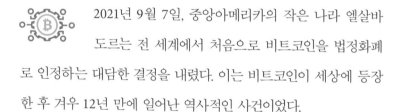 2021년 9월 7일, 중앙아메리카의 작은 나라 엘살바도르는 전 세계에서 처음으로 비트코인을 법정화폐로 인정하는 대담한 결정을 내렸다. 이는 비트코인이 세상에 등장한 후 겨우 12년 만에 일어난 역사적인 사건이었다.

이 사건에 대해 일부 사람들은 엘살바도르의 높은 범죄율에 주목하며 범죄율이 높은 엘살바도르가 범죄 수단인 비트코인을 받아들인 것뿐이라는 비판적인 시각을 내비쳤다. 2019년 유엔 마약범죄 사무소의 통계에 따르면 엘살바도르는 10만 명당 약 50명이라는 높은 살인율을 기록하고 있으며, 이는 세계 평균보다 약

5배 높은 수치다.

그러나 엘살바도르의 대담한 결정은 이러한 비판을 넘어 그보다 더 중요한 사회적 및 경제적 의미를 가지고 있다고 봐야 한다. 엘살바도르는 비트코인 도입을 통해 자국 내 금융 접근성을 높이고, 국제 송금 비용을 줄이는 등의 긍정적인 효과를 기대했다. 특히 엘살바도르는 통화 가치의 불안정성과 높은 인플레이션 등의 문제를 겪고 있는 터라 비트코인의 가치 보존 기능에 큰 기대감을 가지고 있다. 게다가 엘살바도르는 이미 2001년 자국 발행 화폐를 포기하고 미국 달러를 공식화폐로 도입한 경험이 있다. 비트코인의 도입이 재정 정책에 미치는 영향이 상대적으로 적을 것이라는 점도 비트코인 채택에 도움이 되었다.

우리나라는 국토 어디에서든 은행에 접근할 수 있다. 농촌 지역에서도 우체국이나 농협을 통해 금융 서비스를 받는 것이 가능하다. 그러나 엘살바도르는 그렇지 않다. 2021년 세계은행의 통계에 따르면 국민의 70%, 즉 약 420만 명 이상이 은행 계좌를 보유하고 있지 않다고 한다. 이들은 기본적인 금융 서비스에 접근조차 하지 못하는 상황에 처해 있고 따라서 저축이나 송금과 같은 기본적인 금융 활동을 수행하는 것조차 매우 어렵다.

이처럼 금융 인프라가 부족한 국가에서는 비트코인이 가치를 전송하는 네트워크로서 중요한 역할을 수행하게 된다. 한 통계에 따르면 2022년 기준 엘살바도르 국민의 약 88%가 스마트폰을 소유하고 있으며, 이는 평균적으로 가정마다 최소 한 대 이상의 스마트폰을 보유하고 있다는 의미다. 이 스마트폰을 통해 국민들은 현금 대신 비트코인으로 결제하고 비트코인을 저축하거나 송금할 수 있다. 이렇게 전통적인 은행이 해야 할 역할을 비트코인 네트워크가 대신하는 셈이다. 즉 엘살바도르와 같은 환경에서 비트코인의 도입은 금융 접근성을 향상시키고 국가 간의 송금 비용을 줄일 수 있다는 긍정적인 측면을 가지고 있다.

그리고 국경을 넘나드는 가치 전달 네트워크라는 비트코인의 특징도 엘살바도르의 상황에 적합하다. 세계은행의 통계에 따르면 엘살바도르는 해외에서 오는 송금액이 약 77억 달러로 GDP의 24%를 차지하며 그 대부분은 미국에서 온다. 그런데 이런 해외 송금을 받을 때, 웨스턴 유니온과 같은 전통적인 송금 업체를 이용하면 수수료로만 약 30%, 즉 20억 달러가 넘는 비용이 발생한다. 그러나 비트코인을 이용하면 이런 높은 수수료를 크게 줄일 수 있다. 비트코인의 거래 수수료는 전송 금액과 상관없이 몇 달러에서 몇십 달러 수준으로, 전통적인 송금 수수료에 비해 매우 저렴하다. 비트코인 도입을 통해 엘살바도르는 해외 송금 업체에 매년 내던 수수료 수십억 달러를 아낄 수 있게 되었으며, 그 돈을 엘살바도르 경제에 직접 투입하여 국가 경쟁력을 증강시키는 데 사용할 수 있게 되었다.

금융 인프라가 잘 구축된 우리나라와 같은 곳에서는 이러한 변화가 매우 어색하게 느껴질 수 있다. 그러나, 그럼에도 불구하고 비트코인과 같은 디지털 화폐의 사용은 점차 증가하고 있다. 카페에서부터 시작해 설렁탕집, 안경점, 한의원, 약국 등 다양한 업체에서 비트코인 결제를 받아들이고 있다.

단순히 결제의 편의성만을 고려한다면 비트코인보다는 신용카드가 더 편리하다. 그러나 이러한 변화를 받아들이는 사람들은 단순히 편의성을 넘어, 비트코인의 철학과 그것의 지향점, 그리고 가치 전달 네트워크로서의 미래를 믿는 사람들이다. 이들은 디지털 화폐가 금융 시스템에 중요한 변화를 가져올 수 있다고 생각하며, 그 미래에 기여하고 싶어 하는 사람들이다. 이러한 관점에서 보면 오늘날 비트코인과 같은 디지털 화폐의 수용은 매우 자연스러운 변화라고 할 수 있다.

은행을 넘어 블록체인으로

오늘날 블록체인이 주도하는 변화는 전 세계적인 현상이며 금융의 디지털화는 불가피한 추세로 여겨진다. 과거에 비하면 금융의 디지털화가 상당히 진행되었지만 아직 전 세계를 아우르는 디지털 네트워크의 특성은 받아들이지 못하고 있다. 최근 국내에서 애플페이의 도입이 화제가 된 것도 이와 같은 맥락에서 이해할 수 있는데, 이는 금융이 아직 '국가적 영역'에 한정되어 있다는 사실을 방증한다. 그러나 앞으로는 암호화폐와 블록체인 기술의 적용에 의해 변화가 더욱 가속화될 것이다. 국경을 초월하는 블록체인 기술의 발전은 투명성, 보안성, 효율성을 향상시키는 동시에, 전통적인 금융 시스템의 한계를 넘어서는 새로운 가능성을 제시하고 있다.

특히 블록체인 기술은 글로벌 난민 문제나 빈곤 문제 해결에도 기여할 수 있다. 전 세계적으로 약 17억 명에 달하는 뱅크리스 Bankless(은행 서비스를 사용할 수 없는 사람들) 문제는 현재 매우 중요한 사회적 이슈다. 블록체인에 기반한 디지털 화폐는 이들이 자신의 재산을 안전하게 보관하고 세계 어디에서든 저렴한 비용으로 송금할 수 있는 방법을 제공한다. 2019년 세계은행의 보고서에 따르면 글로벌 핀테크 사용률은 64%로 기록되었다. 특히, 전 세계적으로 1조 7,000억 달러의 규모를 가지고 있는 송금 시장에서 블록체인 기술의 적용은 7%의 수수료를 절감해 글로벌 빈곤 해소에 기여한다고 알려져 있다.

물론 블록체인 기술이 미래 금융 시스템의 중추적인 역할을 하게 될지는 아직 불확실하다. 그러나 엘살바도르의 비트코인 도입 사례를 통해 암호화폐가 전통적인 금융 시스템의 한계를 넘어 사회적 금융 접근성을 개선하는 방향으로 활용 가능함을 확인할 수 있다.

마지막으로 블록체인은 단순히 결제 수단의 변화에서 한발 더 나아가 사회적인 변화 또한 이끌어낼 수 있다. 암호화폐가 가진 분산화, 투명성, 개인의 자유 등의 철학은 민주주의적 가치와 밀접하게 관련된다. 이런 가치는 우리 사회가 더욱 투명하고 공정하며 개인의 자유를 존중하는 방향으로 발전하는 데 중요한 원동력으로 작용할 수 있다.

이와 관련되어 현재 진행되고 있는 프로젝트로 샘 알트만Sam Altman의 월드코인Worldcoin이 있다. 암호화폐로써 기본소득을 보장하는 데 그 목표를 두고 있는 이 프로젝트는 암호화폐의 보편적 사용을 촉진하고, 동시에 경제적 불평등을 완화하는 독특한 방법을 추구한다. 기본소득은 모든 사람에게 최소한의 경제적 보장을 제공함으로써 사회적 안정과 개인의 생활 수준 향상에 기여할 수 있게 해준다. 기본소득을 위한 재원은 AI 기술의 발전으로 향상된 생산성에서 나온다. 월드코인은 이러한 사회적, 기술적 변화를 블록체인과 결합하여 디지털 금융의 새로운 가능성을 탐구하고 있다.

새로운 변화의 물결 앞에서

25년 전 애플의 홈페이지를 본 적 있는가? 지금의 애플 홈페이지는 제품 사진부터 시작해 작은 글꼴 하나까지 아주 미려하게 꾸며져 있다. 그러나 아래에 있는 1997년 애플 홈페이지는 촌스럽기 그지없다. 과연 이 홈페이지를 보고 지금의 애플을 상상할 수 있는 사람이 얼마나 될까?

블록체인도 이와 비슷하다고 생각한다. 지금의 블록체인은 느리고, 불편하고, 사기가 판치고, 괴짜들이나 쓸 것 같은 존재로 생

[그림 51] 1997년 애플 홈페이지

출처: https://money.cnn.com/gallery/technology/2015/05/08/old-websites/2.html

각될지 모른다. 그러나 25년 뒤의 블록체인은 지금과는 전혀 다른 모습일 것이다. 우리는 지금의 블록체인을 보면서 블록체인의 미래를 상상할 수 있어야 한다. 이 미래는 우리가 직접 만들어갈 수 있다는 점에서 더 매력적이다. 블록체인의 미래는 아직 아무도 가보지 않은 길이자 우리가 계속 걸어가야 할 길이다.

DoM 023

비트코인부터 스테이블코인까지, 지갑 만들기부터 투자 원칙까지

안전하고 친절한 블록체인 안내서

초판 1쇄 인쇄 | 2023년 10월 30일
초판 1쇄 발행 | 2023년 11월 20일

지은이 조재우
펴낸이 최만규
펴낸곳 월요일의꿈
출판등록 제25100-2020-000035호
연락처 010-3061-4655
이메일 dom@mondaydream.co.kr

ISBN 979-11-92044-35-4 (03320)

'월요일의꿈'은 일상에 지쳐 마음의 여유를 잃은 이들에게 일상의 의미와 희망을 되새기고 싶다는 마음으로 지은 이름입니다. 월요일의꿈의 로고인 '도도한 느림보'는 세상의 속도가 아닌 나만의 속도로 하루하루를 당당하게, 도도하게 살아가는 것도 괜찮다는 뜻을 담았습니다.
"조금 느리면 어떤가요? 나에게 맞는 속도라면, 세상에 작은 행복을 선물하는 방향이라면 그게 일상의 의미이자 행복이 아닐까요?" 이런 마음을 담은 알찬 내용의 원고를 기다리고 있습니다. 기획 의도와 간단한 개요를 연락처와 함께 dom@mondaydream.co.kr로 보내주시기 바랍니다.